Friedrich Schiller

Kabale und Liebe

Ein bürgerliches Trauerspiel

PERSONEN

Präsident von Walter, am Hof eines deutschen Fürsten

Ferdinand, sein Sohn, Major

Hofmarschall von Kalb

Lady Milford, Favoritin des Fürsten

Wurm, Haussekretär des Präsidenten

Miller, Stadtmusikant, oder wie man sie an einigen Orten nennt, Kunstpfeifer

Dessen Frau

Luise, dessen Tochter

Sophie, Kammerjungfer der Lady

Ein Kammerdiener des Fürsten

Verschiedene Nebenpersonen

sebstverschuldet

↓

Ist

Erster Akt

ERSTE SZENE

Zimmer beim Musikus.

MILLER steht eben vom Sessel auf, und stellt seine Violoncell auf die Seite. An einem Tisch sitzt FRAU MILLERIN noch im Nachtgewand, und trinkt ihren Kaffee.

Miller *(schnell auf und ab gehend)* Einmal für allemal. Der Handel[1] wird ernsthaft. Meine Tochter kommt mit dem Baron ins Geschrei[2]. Mein Haus wird verrufen. Der Präsident bekommt Wind, und – kurz und gut, ich biete dem Junker[3] aus[4].

Frau Du hast ihn nicht in dein Haus geschwatzt – hast ihm deine Tochter nicht nachgeworfen.

Miller Hab ihn nicht in mein Haus geschwatzt – hab ihm's Mädel nicht nachgeworfen; wer nimmt Notiz davon? – Ich war Herr im Haus. Ich hätt meine Tochter mehr koram nehmen[5] sollen. Ich hätt dem Major besser auftrumpfen sollen – oder hätt gleich alles Seiner Exzellenz dem Herrn Papa stecken sollen. Der junge Baron bringt's

1 *hier* Angelegenheit
2 ins Gerede kommen
3 junger (adeliger) Herr
4 *ausbieten: hier im Sinne von* Zugang zum Haus verbieten
5 strenger durchgreifen

mit einem Wischer hinaus[1], das muss ich wissen, und alles Wetter[2] kommt über den Geiger.

Frau *(schlürft eine Tasse aus)* Possen! Geschwätz! Was kann über dich kommen? Wer kann dir was anhaben? Du gehst deiner Profession nach, und raffst Scholaren[3] zusammen, wo sie zu kriegen sind.

Miller Aber, sag mir doch, was wird bei dem ganzen Kommerz[4] auch herauskommen? – Nehmen kann er das Mädel nicht – Vom Nehmen ist gar die Rede nicht, und zu einer dass Gott erbarm'? – Guten Morgen! – Gelt, wenn so ein Musje[5] von sich da und dort, und dort und hier schon herumbeholfen hat, wenn er, der Henker weiß was als? gelöst hat, schmeckt's meinem guten Schlucker freilich, einmal auf süß Wasser zu graben[6]. Gib du acht! gib du acht! und wenn du aus jedem Astloch ein Auge strecktest, und vor jedem Blutstropfen Schildwache ständest, er wird sie, dir auf der Nase, beschwatzen, dem Mädel eins hinsetzen, und führt sich ab, und das Mädel ist verschimpfiert auf ihr Leben lang, bleibt sitzen, oder hat's Handwerk verschmeckt[7], treibt's fort. *(Die Faust vor die Stirn.)* Jesus Christus!

Frau Gott behüt' uns in Gnaden!

Miller Es hat sich zu behüten. Worauf kann so ein Windfuß wohl sonst sein Absehen richten? – Das Mädel ist

1 mit einem Verweis davonkommen
2 großes Donnerwetter, Unglück
3 (lat.) Schüler
4 (lat.) Handel
5 (franz.) Herr
6 (volkst. nach Süßwasser graben) ein unschuldiges Mädchen treffen
7 an der Prostitution Geschmack finden

schön – schlank – führt seinen netten Fuß. Unterm Dach mag's aussehen, wie's will. Darüber kuckt man bei euch Weibsleuten weg, wenn's nur der liebe Gott parterre[1] nicht hat fehlen lassen – Stöbert mein Springinsfeld erst noch dieses Kapitel aus – he da! geht ihm ein Licht auf, wie meinem Rodney, wenn er die Witterung eines Franzosen kriegt, und nun müssen alle Segel dran, und drauflos, und – ich verdenk's ihm gar nicht. Mensch ist Mensch. Das muss ich wissen.

Frau Solltest nur die wunderhübsche Billetter[2] auch lesen, die der gnädige Herr an deine Tochter als schreiben tut. Guter Gott! Da sieht man's ja sonnenklar, wie es ihm pur um ihre schöne Seele zu tun ist.

Miller Das ist die rechte Höhe. Auf den Sack schlagt man; den Esel meint man. Wer einen Gruß an das liebe Fleisch zu bestellen hat, darf nur das gute Herz Boten gehen lassen. Wie hab ich's gemacht? Hat man's nur erst so weit im Reinen, dass die Gemüter topp[3] machen, wutsch! nehmen die Körper ein Exempel; das Gesind macht's der Herrschaft nach und der silberne Mond ist am End nur der Kuppler gewesen.

Frau Sieh doch nur erst die prächtigen Bücher an, die der Herr Major ins Haus geschafft haben. Deine Tochter betet auch immer draus.

Miller *(pfeift)* Hui da! Betet! Du hast den Witz[4] davon. Die rohe Kraftbrühen der Natur sind Ihro Gnaden zartem

1 (franz. Erdgeschoss), *hier* sexuelle Reize
2 (franz. Zettel) Liebesbrief
3 einig sein
4 etwas verstanden haben

Makronenmagen[1] noch zu hart. – Er muss sie erst in der höllischen Pestilenzküche[2] der Bellatristen[3] künstlich aufkochen lassen. Ins Feuer mit dem Quark. Da saugt mir das Mädel – weiß Gott was als für? – überhimmlische Alfanzereien[4] ein, das läuft dann wie spanische Mucken[5] ins Blut und wirft mir die Handvoll Christentum noch gar auseinander, die der Vater mit knapper Not soso noch zusammenhielt. Ins Feuer sag ich. Das Mädel setzt sich alles Teufelsgezeug in den Kopf; über all dem Herumschwänzen in der Schlaraffenwelt findet's zuletzt seine Heimat nicht mehr, vergisst, schämt sich, dass sein Vater Miller der Geiger ist, und verschlägt mir am End einen wackern ehrbaren Schwiegersohn, der sich so warm in meine Kundschaft hineingesetzt hätte – – Nein! Gott verdamm' mich. *(Er springt auf, hitzig.)* Gleich muss die Pastete auf den Herd, und dem Major – ja ja, dem Major will ich weisen, wo Meister Zimmermann das Loch gemacht hat. *(Er will fort.)*

Frau Sei artig, Miller. Wie manchen schönen Groschen haben uns nur die Präsenter – –

Miller *(kommt zurück und bleibt vor ihr stehen)* Das Blutgeld meiner Tochter? – Schier dich zum Satan, infame Kupplerin! – Eh will ich mit meiner Geig auf den Bettel herumziehen[6], und das Konzert um was Warmes geben – eh will ich mein Violoncello zerschlagen, und Mist im

1 feiner, an zartes Essen gewöhnter Magen
2 vergiftete Küche
3 Belletristen, Verfasser unterhaltender Literatur
4 Lügen
5 spanische Fliege, Potenzmittel
6 betteln gehen

Sonanzboden führen, eh ich mir's schmecken lass von dem Geld, das mein einziges Kind mit Seel und Seligkeit abverdient. – Stell den vermaledeiten Kaffee ein, und das Tobakschnupfen, so brauchst du deiner Tochter Gesicht nicht zu Markt zu treiben. Ich hab mich satt gefressen, und immer ein gutes Hemd auf dem Leib gehabt, eh so ein vertrackter Tausendsasa in meine Stube geschmeckt hat.

Frau Nur nicht gleich mit der Tür ins Haus. Wie du doch den Augenblick in Feuer und Flammen stehst! Ich sprech ja nur, man müss den Herrn Major nicht disguschtüren[1], weil Sie des Präsidenten Sohn sind.

Miller Da liegt der Has im Pfeffer. Darum, just eben darum, muss die Sach noch heut auseinander. Der Präsident muss es mir Dank wissen, wenn er ein rechtschaffener Vater ist. Du wirst mir meinen roten plüschenen Rock ausbürsten, und ich werde mich bei Seiner Exzellenz anmelden lassen. Ich werde sprechen zu Seiner Exzellenz: Dero Herr Sohn haben ein Aug auf meine Tochter; meine Tochter ist zu schlecht zu Dero Herrn Sohnes Frau, aber zu Dero Herrn Sohnes Hure ist meine Tochter zu kostbar, und damit basta! – Ich heiße Miller.

1 (franz. dégoûter) vergraulen

• Alliteration (Gleichklang von Buchstaben)
• Synonymie (Aneinanderreihung Sinnverwandter Wörter)

• Anapher (Wiederholung von Wörtern, Sätzen
• Lyrisches Ich
(Er/Sie: Beobachter)

ZWEITE SZENE

Sekretär W*URM*. *Die* V*ORIGEN*.

Frau Ah guten Morgen, Herr Sekertare. Hat man auch einmal wieder das Vergnügen von Ihnen?

Wurm Meinerseits, meinerseits, Frau Base. Wo eine Kavaliersgnade einspricht[1], kommt mein bürgerliches Vergnügen in gar keine Rechnung.

Frau Was Sie nicht sagen, Herr Sekertare! Des Herrn Majors von Walter hohe Gnaden machen uns wohl je und je das Bläsier[2], doch verachten wir darum niemand.

Miller *(verdrüsslich)* Dem Herrn einen Sessel, Frau. Wollen S' ablegen, Herr Landsmann?

Anapher

Wurm *(legt Hut und Stock weg, setzt sich)* Nun! Nun! Und wie befindet sich denn meine Zukünftige – oder Gewesene? – Ich will doch nicht hoffen – kriegt man sie nicht zu sehen – Mamsell Luisen?

Frau Danken der Nachfrage, Herr Sekertare. Aber meine Tochter ist doch gar nicht hochmütig.

Miller *(ärgerlich, stößt sie mit dem Ellnbogen)* Weib!

Frau Bedauern's nur, dass sie die Ehre nicht haben kann vom Herrn Sekertare. Sie ist eben in die Mess, meine Tochter.

Wurm Das freut mich, freut mich. Ich werd einmal eine fromme christliche Frau an ihr haben.

1 wo ein Adliger einkehrt
2 (franz. plaisir) Vergnügen

Frau *(lächelt dumm-vornehm)* Ja – aber Herr Sekertare –

Miller *(in sichtbarer Verlegenheit kneipt sie in die Ohren)* Weib!

Frau Wenn Ihnen unser Haus sonst irgendwo dienen kann – Mit allem Vergnügen, Herr Sekertare –

Wurm *(macht falsche Augen)* Sonst irgendwo! Schönen Dank! Schönen Dank – Hem! hem! hem!

Frau Aber – wie der Herr Sekertare selber die Einsicht werden haben –

Miller *(voll Zorn seine Frau vor den Hintern stoßend)* Weib!

Frau Gut ist gut, und besser ist besser, und einem einzigen Kind mag man doch auch nicht vor seinem Glück sein. *(Bäurisch-stolz.)* Sie werden mich je doch wohl merken, Herr Sekertare?

Wurm *(rückt unruhig im Sessel, kratzt hinter den Ohren und zupft an Manschetten und Jabot[1])* Merken? Nicht doch – O ja – Wie meinen Sie denn?

Frau Nu – nu – ich dächte nur – ich meine *(hustet)* – weil eben halt der liebe Gott meine Tochter barrdu[2] zur gnädigen Madam will haben –

Wurm *(fährt vom Stuhl)* Was sagen Sie da? Was?

Miller Bleiben sitzen! Bleiben sitzen, Herr Sekretarius. Das Weib ist eine alberne Gans. Wo soll eine gnädige Madam herkommen? Was für ein Esel streckt sein Langohr aus diesem Geschwätze?

1 (franz.) Spitzenrüsche
2 (franz. partout) unbedingt

Frau Schmäl[1] du, solang du willst. Was ich weiß, weiß ich – und was der Herr Major gesagt hat, das hat er gesagt.

Miller *(aufgebracht, springt nach der Geige)* Willst du dein Maul halten? Willst das Violoncello am Hirnkasten wissen? – Was kannst du wissen? Was kann er gesagt haben? – Kehren sich an das Geklatsch nicht, Herr Vetter – Marsch du in deine Küche – Werden mich doch nicht für des Dummkopfs leiblichen Schwager halten, dass ich obenaus woll' mit dem Mädel? Werden doch das nicht von mir denken, Herr Sekretarius?

Wurm Auch hab ich es nicht um Sie verdient, Herr Musikmeister. Sie haben mich jederzeit den Mann von Wort sehen lassen, und meine Ansprüche auf Ihre Tochter waren so gut, als unterschrieben. Ich habe ein Amt das seinen guten Haushälter nähren kann, der Präsident ist mir gewogen, an Empfehlungen kann's nicht fehlen, wenn ich mich höher poussieren[2] will. Sie sehen, dass meine Absichten auf Mamsell Luisen ernsthaft sind, wenn sie vielleicht von einem adeligen Windbeutel herumgeholt –

Frau Herr Sekertare Wurm! Mehr Respekt, wenn man bitten darf –

Miller Halt du dein Maul, sag ich – Lassen Sie es gut sein, Herr Vetter. Es bleibt beim Alten. Was ich Ihnen verwichenen Herbst zum Bescheid gab, bring ich heut wieder. Ich zwinge meine Tochter nicht. Stehen Sie ihr an – wohl und gut, so mag sie zusehen, wie sie glücklich mit Ihnen

1 *schmälen: hier im Sinne von* lästern, herabsetzen
2 (gesellschaftlich) aufsteigen

wird. Schüttelt sie den Kopf – noch besser – – in Gottes Namen wollt ich sagen – so stecken Sie den Korb ein, und trinken eine Bouteille[1] mit dem Vater – Das Mädel muss mit Ihnen leben – ich nicht – warum soll ich ihr einen Mann, den sie nicht schmecken kann, aus purem klarem Eigensinn an den Hals werfen? – Dass mich der böse Feind in meinen eisgrauen Tagen noch wie sein Wildbret[2] herumhetze – dass ich's in jedem Glas Wein zu saufen – in jeder Suppe zu fressen kriege: Du bist der Spitzbube, der sein Kind ruiniert hat!

Frau Und kurz und gut – ich geb meinen Konsens absolut nicht; meine Tochter ist zu was Hohem gemünzt, und ich lauf in die Gerichte, wenn mein Mann sich beschwatzen lässt.

Miller Willst du Arm und Bein entzwei haben, Wettermaul?

Wurm *(zu Millern)* Ein väterlicher Rat vermag bei der Tochter viel, und hoffentlich werden Sie mich kennen, Herr Miller?

Miller Dass dich alle Hagel! 's Mädel muss Sie kennen. Was ich alter Knasterbart an Ihnen abkucke, ist just kein Fressen fürs junge naschhafte Mädel. Ich will Ihnen aufs Haar hin sagen, ob Sie ein Mann fürs Orchester sind – aber eine Weiberseel ist auch für einen Kapellmeister zu spitzig[3]. – Und dann von der Brust weg, Herr Vetter – ich bin halt ein plumper gerader teutscher Kerl – für meinen Rat würden Sie sich zuletzt wenig bedanken. Ich ra-

1 (franz.) Flasche
2 gejagtes Wild
3 kompliziert

te meiner Tochter zu keinem – aber Sie missrat ich meiner Tochter, Herr Sekretarius. Lassen mich ausreden. Einem Liebhaber, der den Vater zu Hilfe ruft, trau ich – erlauben Sie, – keine hohle Haselnuss zu. Ist er was, so wird er sich schämen, seine Talente durch diesen altmodischen Kanal vor seine Liebste zu bringen – Hat er's Courage[1] nicht, so ist er ein Hasenfuß, und für den sind keine Luisen gewachsen – – Da! hinter dem Rücken des Vaters muss er sein Gewerb an die Tochter bestellen. Machen muss er, dass das Mädel lieber Vater und Mutter zum Teufel wünscht, als ihn fahren lässt – oder selber kommt, dem Vater zu Füßen sich wirft, und sich um Gottes willen den schwarzen gelben Tod[2], oder den Herzeinzigen ausbittet, – Das nenn ich einen Kerl! Das heißt lieben! – und wer's bei dem Weibsvolk nicht so weit bringt, der soll – – auf seinem Gänsekiel reiten[3].

Wurm *(greift nach Hut und Stock, und zum Zimmer hinaus)* Obligation[4], Herr Miller.

Miller *(geht ihm langsam nach)* Für was? Für was? Haben Sie ja doch nichts genossen, Herr Sekretarius. *(Zurückkommend.)* Nichts hört er und hin zieht er – – Ist mir's doch wie Gift und Operment[5], wenn ich den Federnfuchser zu Gesichte krieg. Ein konfiszierter[6] widriger Kerl, als hätt ihn irgendein Schleichhändler in die Welt meines Herrgotts hineingeschachert – Die kleinen tücki-

1 (franz.) Mut
2 Pest
3 auf Paragraphen herumreiten
4 (lat.) Verbindlichkeit, *hier* jemandem verbunden sein
5 Opriment, giftiger Farbstoff
6 verdächtig

schen Mausaugen – die Haare brandrot – das Kinn herausgequollen, gerade als wenn die Natur für purem Gift über das verhunzte Stück Arbeit meinen Schlingel da angefasst, und in irgendeine Ecke geworfen hätte – Nein! Eh ich meine Tochter an so einen Schuft wegwerfe, lieber soll sie mir – Gott verzeih' mir's –

Frau *(spuckt aus, giftig)* Der Hund! – Aber man wird dir's Maul sauber halten.

Miller Du aber auch mit deinem pestilenzialischen Junker[1] – Hast mich vorhin auch so in Harnisch[2] gebracht – Bist doch nie dummer, als wenn du um Gottes willen gescheit sein solltest. Was hat das Getratsch von einer gnädigen Madam und deiner Tochter da vorstellen sollen? Das ist mir der Alte. Dem muss man so was an die Nase heften, wenn's morgen am Marktbrunnen ausgeschellt sein soll. Das ist just so ein Musje, wie sie in der Leute Häusern herumriechen, über Keller und Koch räsonieren[3], und springt einem ein nasenweises Wort übers Maul – Bumbs! haben's Fürst und Matress und Präsident, und du hast das siedende Donnerwetter am Halse.

1 krankmachender Jüngling
2 Kampfausrüstung anlegen, *hier* jmd. zornig machen
3 wortreich äußern, *hier* nörgeln

DRITTE SZENE

LUISE MILLERIN kommt, ein Buch in der Hand. VORIGE.

Luise *(legt das Buch nieder, geht zu Millern und drückt ihm die Hand)* Guten Morgen, lieber Vater.

Miller *(warm)* Brav, meine Luise – Freut mich, dass du so fleißig an deinen Schöpfer denkst. Bleib immer so, und sein Arm wird dich halten.

Luise O ich bin eine schwere Sünderin, Vater – War er da, Mutter?

Frau Wer, mein Kind?

Luise Ah! ich vergaß, dass es noch außer ihm Menschen gibt – Mein Kopf ist so wüste – Er war nicht da? Walter?

Miller *(traurig und ernsthaft)* Ich dachte, meine Luise hätte den Namen in der Kirche gelassen?

Luise *(nachdem sie ihn eine Zeitlang starr angesehen)* Ich versteh Ihn, Vater – fühle das Messer, das Er in mein Gewissen stößt; aber es kommt zu spät. – Ich hab keine Andacht mehr, Vater – der Himmel und Ferdinand reißen an meiner blutenden Seele, und ich fürchte – ich fürchte – *(Nach einer Pause.)* Doch nein, guter Vater. Wenn wir ihn über dem Gemälde vernachlässigen, findet sich ja der Künstler am feinsten gelobt. – Wenn meine Freude über sein Meisterstück mich ihn selbst übersehen macht, Vater, muss das Gott nicht ergötzen?

Miller *(wirft sich unmutig in den Stuhl)* Da haben wir's! Das ist die Frucht von dem gottlosen Lesen.

Luise *(tritt unruhig an ein Fenster)* Wo er wohl jetzt ist? – Die vornehmen Fräulein, die ihn sehen – ihn hören – – ich bin ein schlechtes vergessenes Mädchen. *(Erschrickt an dem Wort, und stürzt ihrem Vater zu.)* Doch nein! nein! verzeih Er mir. Ich beweine mein Schicksal nicht. Ich will ja nur wenig – – an ihn denken – das kostet ja nichts. Dies bisschen Leben – dürft ich es hinhauchen in ein leises schmeichelndes Lüftchen, sein Gesicht abzukühlen! – Dies Blümchen Jugend – wär es ein Veilchen, und er träte drauf, und es dürfte bescheiden unter ihm sterben! – Damit genügte mir, Vater. Wenn die Mücke in ihren Strahlen sich sonnt – kann sie das strafen, die stolze majestätische Sonne?

Miller *(beugt sich gerührt an die Lehne des Stuhls, und bedeckt das Gesicht)* Höre, Luise – Das bissel Bodensatz meiner Jahre, ich gäb es hin, hättest du den Major nie gesehen.

Luise *(erschrocken)* Was sagt Er da? Was? – Nein! er meint es anders der gute Vater. Er wird nicht wissen, dass Ferdinand mein ist, mir geschaffen, mir zur Freude vom Vater der Liebenden. *(Sie steht nachdenkend.)* Als ich ihn das erste Mal sah – *(rascher)* und mir das Blut in die Wangen stieg, froher jagten alle Pulse, jede Wallung sprach, jeder Atem lispelte: er ist's, und mein Herz den Immermangelnden erkannte, bekräftigte: er ist's, und wie das widerklang durch die ganze mitfreuende Welt. Damals – o damals ging in meiner Seele der erste Morgen auf. Tausend junge Gefühle schossen aus meinem Herzen, wie die Blumen aus dem Erdreich, wenn's Frühling wird. Ich sah keine Welt mehr, und doch besinn ich mich, dass sie niemals so schön war. Ich wusste von keinem Gott mehr, und doch hatt ich ihn nie so geliebt.

Miller *(eilt auf sie zu, drückt sie wider seine Brust)* Luise – teures – herrliches Kind – Nimm meinen alten mürben Kopf – nimm alles – alles! – den Major – Gott ist mein Zeuge – ich kann dir ihn nimmer geben. *(Er geht ab.)*

Luise Auch will ich ihn ja jetzt nicht, mein Vater. Dieser karge Tautropfe Zeit – schon ein Traum von Ferdinand trinkt ihn wollüstig auf. Ich entsag ihm für dieses Leben. Dann, Mutter – dann, wenn die Schranken des Unterschieds einstürzen – wenn von uns abspringen all die verhasste Hülsen des Standes – Menschen nur Menschen sind – Ich bringe nichts mit mir, als meine Unschuld, aber der Vater hat ja so oft gesagt, dass der Schmuck und die prächtigen Titel wohlfeil[1] werden, wenn Gott kommt, und die Herzen im Preise steigen. Ich werde dann reich sein. Dort rechnet man Tränen für Triumphe, und schöne Gedanken für Ahnen an. Ich werde dann vornehm sein, Mutter – Was hätte er dann noch für seinem Mädchen voraus?

Frau *(fährt in die Höhe)* Luise! Der Major! Er springt über die Planke[2]. Wo verberg ich mich doch?

Luise *(fängt an zu zittern)* Bleib Sie doch, Mutter.

Frau Mein Gott! Wie seh ich aus. Ich muss mich ja schämen. Ich darf mich nicht vor Seiner Gnaden so sehen lassen. *(Ab.)*

1 gleichgültig
2 über die Straße gehen

VIERTE SZENE

Ferdinand von Walter. Luise.
Er fliegt auf sie zu – sie sinkt entfärbt und matt auf einen Sessel – er bleibt vor ihr stehn – sie sehen sich eine Zeitlang stillschweigend an. Pause.

Ferdinand Du bist blass, Luise?

Luise *(steht auf und fällt ihm um den Hals)* Es ist nichts. Nichts. Du bist ja da. Es ist vorüber.

Ferdinand *(ihre Hand nehmend und zum Munde führend)* Und liebt mich meine Luise noch? Mein Herz ist das gestrige, ist's auch das deine noch? Ich fliege nur her, will sehn ob du heiter bist, und gehn und es auch sein – Du bist's nicht.

Luise Doch, doch, mein Geliebter.

Ferdinand Rede mir Wahrheit. Du bist's nicht. Ich schaue durch deine Seele, wie durch das klare Wasser dieses Brillanten. *(Er zeigt auf seinen Ring.)* Hier wirft sich kein Bläschen auf, das ich nicht merkte – kein Gedanke tritt in dies Angesicht, der mir entwischte. Was hast du? Geschwind! Weiß ich nur diesen Spiegel helle, so läuft keine Wolke über die Welt. Was bekümmert dich?

Luise *(sieht ihn eine Weile stumm und bedeutend an, dann mit Wehmut)* Ferdinand! Ferdinand! Dass du doch wüsstest, wie schön in dieser Sprache das bürgerliche Mädchen sich ausnimmt –

Ferdinand Was ist das? *(Befremdet.)* Mädchen! Höre! Wie kommst du auf das? – Du bist meine Luise! Wer sagt dir, dass du noch etwas sein solltest? Siehst du, Falsche, auf welchem Kaltsinn ich dir begegnen muss. Wärest du ganz nur Liebe für mich, wann hättest du Zeit gehabt, eine Vergleichung zu machen? Wenn ich bei dir bin, zerschmilzt meine Vernunft in einen Blick – in einen Traum von dir, wenn ich weg bin, und du hast noch eine Klugheit neben deiner Liebe? – Schäme dich! Jeder Augenblick, den du an diesen Kummer verlorst, war deinem Jüngling gestohlen.

Luise *(fasst seine Hand, indem sie den Kopf schüttelt)* Du willst mich einschläfern, Ferdinand – willst meine Augen von diesem Abgrund hinweglocken, in den ich ganz gewiss stürzen muss. Ich seh in die Zukunft – die Stimme des Ruhms – deine Entwürfe – dein Vater – mein Nichts. *(Erschrickt, und lässt plötzlich seine Hand fahren.)* Ferdinand! ein Dolch über dir und mir! – Man trennt uns!

Ferdinand Trennt uns! *(Er springt auf.)* Woher bringst du diese Ahndung, Luise? Trennt uns? – Wer kann den Bund zwoer Herzen lösen, oder die Töne eines Akkords auseinander reißen? – Ich bin ein Edelmann – Lass doch sehen, ob mein Adelbrief[1] älter ist, als der Riss zum unendlichen Weltall? oder mein Wappen gültiger als die Handschrift des Himmels in Luisens Augen: Dieses Weib ist für diesen Mann? – Ich bin des Präsidenten Sohn. Eben darum. Wer, als die Liebe, kann mir die

1 Urkunde, die Adelsstand bescheinigt

Flüche versüßen, die mir der Landeswucher[1] meines Vaters vermachen wird?

Luise O wie sehr fürcht ich ihn – diesen Vater!

Ferdinand Ich fürchte nichts – nichts – als die Grenzen deiner Liebe. Lass auch Hindernisse wie Gebürge zwischen uns treten, ich will sie für Treppen nehmen und drüber hin in Luisens Arme fliegen. Die Stürme des widrigen Schicksals sollen meine Empfindung emporblasen, Gefahren werden meine Luise nur reizender machen. – Also nichts mehr von Furcht, meine Liebe. Ich selbst – ich will über dir wachen wie der Zauberdrach über unterirdischem Golde – Mir vertraue dich. Du brauchst keinen Engel mehr – Ich will mich zwischen dich und das Schicksal werfen – empfangen für dich jede Wunde – auffassen für dich jeden Tropfen aus dem Becher der Freude – dir ihn bringen in der Schale der Liebe. *(Sie zärtlich umfassend.)* An diesem Arm soll meine Luise durchs Leben hüpfen, schöner als er dich von sich ließ, soll der Himmel dich wiederhaben, und mit Verwunderung eingestehn, dass nur die Liebe die letzte Hand an die Seelen legte –

Luise *(drückt ihn von sich, in großer Bewegung)* Nichts mehr! Ich bitte dich, schweig! – Wüsstest du – Lass mich – du weißt nicht, dass deine Hoffnungen mein Herz, wie Furien[2], anfallen. *(Will fort.)*

Ferdinand *(hält sie auf)* Luise? Wie! Was! Welche Anwandlung?

1 Ausbeutung
2 Rachegöttinnen der griechischen Mythologie

Luise Ich hatte diese Träume vergessen und war glücklich – Jetzt! Jetzt! Von heut an – der Friede meines Lebens ist aus – Wilde Wünsche – ich weiß es – werden in meinem Busen rasen. – Geh – Gott vergebe dir's – Du hast den Feuerbrand in mein junges friedsames Herz geworfen, und er wird nimmer, nimmer gelöscht werden. *(Sie stürzt hinaus. Er folgt ihr sprachlos nach.)*

FÜNFTE SZENE

Saal beim Präsidenten.

Der PRÄSIDENT, ein Ordenskreuz um den Hals, einen Stern an der Seite, und Sekretär WURM treten auf.

Präsident Ein ernsthaftes Attachement[1]! Mein Sohn? – Nein, Wurm, das macht Er mich nimmermehr glauben.

Wurm Ihro Exzellenz haben die Gnade, mir den Beweis zu befehlen.

Präsident Dass er der Bürgerkanaille[2] den Hof macht – Flatterien[3] sagt – auch meinetwegen Empfindungen vorplaudert – Das sind lauter Sachen, die ich möglich finde – verzeihlich finde – aber – und noch gar die Tochter eines Musikus, sagt Er?

Wurm Musikmeister Millers Tochter.

Präsident Hübsch? – Zwar das versteht sich.

1 (franz.) Liebesbeziehung
2 bürgerliches Gesindel
3 Komplimente

Wurm *(lebhaft)* Das schönste Exemplar einer Blondine, die, nicht zu viel gesagt, neben den ersten Schönheiten des Hofes noch Figur machen würde.

Präsident *(lacht)* Er sagt mir, Wurm – Er habe ein Aug auf das Ding – das find ich. Aber sieht Er, mein lieber Wurm – dass mein Sohn Gefühl für das Frauenzimmer hat, macht mir Hoffnung, dass ihn die Damen nicht hassen werden. Er kann bei Hof etwas durchsetzen. Das Mädchen ist s c h ö n, sagt Er, das gefällt mir an meinem Sohn, dass er G e s c h m a c k hat. Spiegelt er der Närrin solide Absichten vor? Noch besser – so seh ich, dass er W i t z genug hat, in seinen Beutel zu lügen[1]. Er kann P r ä s i d e n t werden. Setzt er es noch dazu durch? Herrlich! das zeigt mir an, dass er G l ü c k hat. – Schließt sich die Farce[2] mit einem gesunden Enkel – Unvergleichlich! so trink ich auf die guten Aspekten meines Stammbaums eine Bouteille Malaga[3] mehr, und bezahle die Skortationsstrafe[4] für seine Dirne[5].

Wurm Alles was ich wünsche, Ihr' Exzellenz, ist, dass Sie nicht nötig haben möchten, diese Bouteille zu Ihrer Z e r s t r e u u n g zu trinken.

Präsident *(ernsthaft)* Wurm, besinn Er sich, dass ich, wenn ich einmal glaube, hartnäckig glaube, rase, wenn ich zürne – Ich will einen Spaß daraus machen, dass er mich aufhetzen wollte. Dass Er sich seinen Nebenbuh-

1 sich Vorteile verschaffen
2 (franz.) Komödie
3 teurer Likörwein aus Malaga
4 Entschädigungszahlung für entjungferte, aber nicht geheiratete Mädchen
5 leichtes Mädchen, Prostituierte

ler[1] gern vom Hals geschafft hätte, glaub ich Ihm herzlich gern. Da Er meinen Sohn bei dem Mädchen auszustechen Mühe haben möchte, soll Ihm der Vater zur Fliegenklatsche dienen, das find ich wieder begreiflich – und dass Er einen so herrlichen Ansatz zum Schelmen hat, entzückt mich sogar – Nur, mein lieber Wurm, muss Er mich nicht mitprellen wollen. – Nur, versteht Er mich, muss Er den Pfiff[2] nicht bis zum Einbruch in meine Grundsätze treiben.

Wurm Ihro Exzellenz verzeihen. Wenn auch wirklich – wie Sie argwohnen – die Eifersucht hier im Spiel sein sollte, so wäre sie es wenigstens nur mit den Augen und nicht mit der Zunge.

Präsident Und ich dächte, sie bliebe ganz weg. Dummer Teufel, was verschlägt es denn Ihm, ob Er die Karolin[3] frisch aus der Münze[4], oder vom Bankier bekommt. Tröst Er sich mit dem hiesigen[5] Adel; – wissentlich oder nicht – bei uns wird selten eine Mariage[6] geschlossen, wo nicht wenigstens ein halb Dutzend der Gäste – oder der Aufwärter[7] – das Paradies des Bräutigams geometrisch ermessen[8] kann.

1 Konkurrenten
2 Streich
3 süddeutsche Goldmünze
4 aus der Prägewerkstatt
5 ansässig
6 (franz.) Heirat
7 Diener
8 die sexuellen Reize der Braut sehr genau kennen

Wurm *(verbeugt sich)* Ich mache hier gern den Bürgersmann[1], gnädiger Herr.

Präsident Überdies kann Er mit nächstem die Freude haben, Seinem Nebenbuhler den Spott auf die schönste Art heimzugeben. Eben jetzt liegt der Anschlag[2] im Kabinett, dass, auf die Ankunft der neuen Herzogin, Lady Milford zum Schein den Abschied erhalten, und, den Betrug vollkommen zu machen, eine Verbindung eingehen soll. Er weiß, Wurm, wie sehr sich mein Ansehen auf den Einfluss der Lady stützt – wie überhaupt meine mächtigsten Springfedern[3] in die Wallungen des Fürsten hineinspielen. Der Herzog sucht eine Partie für die Milford. Ein anderer kann sich melden – den Kauf schließen, mit der Dame das Vertrauen des Fürsten anreißen, sich ihm unentbehrlich machen – Damit nun der Fürst im Netz meiner Familie bleibe, soll mein Ferdinand die Milford heuraten – – Ist Ihm das helle?

Wurm Dass mich die Augen beißen – – Wenigstens bewies der Präsident hier, dass der Vater nur ein Anfänger gegen ihn ist. Wenn der Major Ihnen ebenso den gehorsamen Sohn zeigt, als Sie ihm den zärtlichen Vater, so dörfte Ihre Anfoderung mit Protest zurückkommen.

Präsident Zum Glück war mir noch nie für die Ausführung eines Entwurfes bang, wo ich mich mit einem: Es soll so sein, einstellen konnte. – Aber seh Er nun,

1 sich an den strengen Moralvorstellungen des Bürgertums orientieren
2 *hier* Plan
3 *hier* Beweggründe

Wurm, das hat uns wieder auf den vorigen Punkt geleitet. Ich kündige meinem Sohn noch diesen Vormittag seine Vermählung an. Das Gesicht, das er mir zeigen wird, soll Seinen Argwohn entweder rechtfertigen, oder ganz widerlegen.

Wurm Gnädiger Herr, ich bitte sehr um Vergebung. Das finstre Gesicht, das er Ihnen ganz zuverlässig zeigt, lässt sich ebenso gut auf die Rechnung der Braut schreiben, die Sie ihm zuführen, als derjenigen, die Sie ihm nehmen. Ich ersuche Sie um eine schärfere Probe. Wählen Sie ihm die untadeligste Partie im Land, und sagt er ja, so lassen Sie den Sekretär Wurm drei Jahre Kugeln schleifen[1].

Präsident *(beißt die Lippen)* Teufel!

Wurm Es ist nicht anders. Die Mutter – die Dummheit selbst – hat mir in der Einfalt zu viel geplaudert.

Präsident *(geht auf und nieder, presst seinen Zorn zurück)* Gut! Diesen Morgen noch.

Wurm Nur vergessen Euer Exzellenz nicht, dass der Major – der Sohn meines Herrn ist.

Präsident Er soll geschont werden, Wurm.

Wurm Und dass der Dienst, Ihnen von einer unwillkommenen Schwiegertochter zu helfen –

Präsident Den Gegendienst wert ist, Ihm zu einer Frau zu helfen? – Auch das, Wurm.

Wurm *(bückt sich vergnügt)* Ewig der Ihrige, gnädiger Herr. *(Er will gehen.)*

1 als Gefangener eine am Fuß befestigte Kugel hinter sich her ziehen

Präsident Was ich Ihm vorhin vertraut habe, Wurm – *(drohend)* Wenn Er plaudert –

Wurm *(lacht)* So zeigen Ihr' Exzellenz meine falschen Handschriften auf. *(Er geht ab.)*

Präsident Zwar du bist mir gewiss. Ich halte dich an deiner eigenen Schurkerei, wie den Schröter am Faden[1].

Ein Kammerdiener *(tritt herein)* Hofmarschall von Kalb –

Präsident Kommt, wie gerufen. – Er soll mir angenehm sein. *(Kammerdiener geht.)*

SECHSTE SZENE

HOFMARSCHALL VON KALB, in einem reichen aber geschmacklosen Hofkleid, mit Kammerherrnschlüsseln, zwei Uhren und einem Degen, Chapeaubas[2] und frisiert à la Hérisson[3]. Er fliegt mit großem Gekreisch auf den Präsidenten zu, und breitet einen Bisamgeruch[4] über das ganze Parterre. PRÄSIDENT.

Hofmarschall *(ihn umarmend)* Ah guten Morgen, mein Bester! Wie geruht? Wie geschlafen? – Sie verzeihen doch, dass ich so spät das Vergnügen habe – dringende Geschäfte – der Küchenzettel – Visitenbillets[5] – das Arrangement der Partien auf die heutige Schlittenfahrt –

1 (Anspielung auf ein Kinderspiel): den Käfer an der Leine führen
2 (franz.) niedriger Hut
3 (franz.) wie ein Igel
4 Moschusduft
5 Briefe zur Ankündigung von Höflichkeitsbesuchen

Ah – und denn musst ich ja auch bei dem Lever[1] zugegen sein, und Seiner Durchleucht das Wetter verkündigen.

Präsident Ja, Marschall. Da haben Sie freilich nicht abkommen können.

Hofmarschall Obendrein hat mich ein Schelm von Schneider noch sitzen lassen.

Präsident Und doch fix und fertig?

Hofmarschall Das ist noch nicht alles. – Ein Malheur jagt heut das andere. Hören Sie nur.

Präsident *(zerstreut)* Ist das möglich?

Hofmarschall Hören Sie nur. Ich steige kaum aus dem Wagen, so werden die Hengste scheu, stampfen und schlagen aus, dass mir – ich bitte Sie! – der Gassenkot über und über an die Beinkleider sprützt. Was anzufangen? Setzen Sie sich um Gottes willen in meine Lage, Baron. Da stand ich. Spät war es. Eine Tagreise ist es – und in dem Aufzug vor Seine Durchleucht! Gott der Gerechte! – Was fällt mir bei? Ich fingiere[2] eine Ohnmacht. Man bringt mich über Hals und Kopf in die Kutsche. Ich in voller Karriere[3] nach Haus – wechsle die Kleider – fahre zurück – Was sagen Sie? – und bin noch der Erste in der Antischamber[4] – Was denken Sie?

Präsident Ein herrliches Impromptu[5] des menschlichen Witzes – Doch das beiseite, Kalb – Sie sprachen also schon mit dem Herzog?

1 Morgenzeremoniell des Fürsten
2 vortäuschen
3 so schnell wie möglich
4 Vorzimmer des Fürsten
5 (franz.): Improvisation, Einfall

Hofmarschall *(wichtig)* Zwanzig Minuten und eine halbe.

Präsident Das gesteh ich! – und wissen mir also ohne Zweifel eine wichtige Neuigkeit?

Hofmarschall *(ernsthaft, nach einigem Stillschweigen)* Seine Durchleucht haben heute einen Merde d'Oye-Biber[1] an.

Präsident Man denke – Nein, Marschall, so hab ich doch eine bessere Zeitung[2] für Sie – dass Lady Milford Majorin von Walter wird, ist Ihnen gewiss etwas Neues?

Hofmarschall Denken Sie! – Und das ist schon richtig gemacht?

Präsident Unterschrieben, Marschall – und Sie verbinden mich, wenn Sie ohne Aufschub dahin gehen, die Lady auf seinen Besuch präparieren, und den Entschluss meines Ferdinands in der ganzen Residenz bekannt machen.

Hofmarschall *(entzückt)* O mit tausend Freuden, mein Bester – Was kann mir erwünschter kommen? – Ich fliege sogleich – *(Umarmt ihn.)* Leben Sie wohl – in drei Viertelstunden weiß es die ganze Stadt. *(Hüpft hinaus.)*

Präsident *(lacht dem Marschall nach)* Man sage noch, dass diese Geschöpfe in der Welt zu nichts taugen – – Nun muss ja mein Ferdinand wollen, oder die ganze Stadt hat gelogen. *(Klingelt – Wurm kommt.)* Mein Sohn soll hereinkommen. *(Wurm geht ab. Der Präsident auf und nieder, gedankenvoll.)*

1 (franz. Gänsekot): modisches Kleidungsstück in Grüngelb
2 *hier* Nachricht

SIEBENTE SZENE

Ferdinand. Der Präsident. Wurm, welcher gleich abgeht.

Ferdinand Sie haben befohlen, gnädiger Herr Vater –

Präsident Leider muss ich das, wenn ich meines Sohns einmal froh werden will – Lass Er uns allein, Wurm. – Ferdinand, ich beobachte dich schon eine Zeitlang, und finde die offene rasche Jugend nicht mehr, die mich sonst so entzückt hat. Ein seltsamer Gram[1] brütet auf deinem Gesicht – Du fliehst mich – Du fliehst deine Zirkel[2] – Pfui! – Deinen Jahren verzeiht man zehn Ausschweifungen vor einer einzigen Grille[3]. Überlass diese mir, lieber Sohn. Mich lass an deinem Glück arbeiten, und denke auf nichts, als in meine Entwürfe zu spielen. – Komm! Umarme mich, Ferdinand.

Ferdinand Sie sind heute sehr gnädig, mein Vater.

Präsident Heute, du Schalk – und dieses Heute noch mit der herben Grimasse? *(Ernsthaft.)* Ferdinand! – Wem zulieb hab ich die gefährliche Bahn zum Herzen des Fürsten betreten? Wem zulieb bin ich auf ewig mit meinem Gewissen und dem Himmel zerfallen? – Höre, Ferdinand – (Ich spreche mit meinem Sohn) – Wem hab ich durch die Hinwegräumung meines Vorgängers Platz gemacht – eine Geschichte, die desto blutiger in mein Inwendiges schneidet, je sorgfältiger ich das Mes-

1 Kummer
2 *hier* gesellschaftlicher Kreis
3 *hier* fixe Idee

ser der Welt verberge. Höre. Sage mir, Ferdinand: Wem tat ich dies alles?

Ferdinand *(tritt mit Schrecken zurück)* Doch mir nicht, mein Vater? Doch auf mich soll der blutige Widerschein dieses Frevels nicht fallen? Beim allmächtigen Gott! Es ist besser, gar nicht geboren sein, als dieser Missetat zur Ausrede dienen.

Präsident Was war das? Was? Doch! ich will es dem Romanenkopfe[1] zugut halten – Ferdinand – ich will mich nicht erhitzen, vorlauter Knabe – Lohnst du mir also für meine schlaflosen Nächte? Also für meine rastlose Sorge? Also für den ewigen Skorpion meines Gewissens? – Auf mich fällt die Last der Verantwortung – auf mich der Fluch, der Donner des Richters – Du empfängst dein Glück von der zweiten Hand – das Verbrechen klebt nicht am Erbe.

Ferdinand *(streckt die rechte Hand gen Himmel)* Feierlich entsag ich hier einem Erbe, das mich nur an einen abscheulichen Vater erinnert.

Präsident Höre, junger Mensch, bringe mich nicht auf. – Wenn es nach deinem Kopfe ginge, du kröchest dein Leben lang im Staube.

Ferdinand O, immer noch besser, Vater, als ich kröch um den Thron herum.

Präsident *(verbeißt seinen Zorn)* Hum! – Zwingen muss man dich, dein Glück zu erkennen. Wo zehn andre mit aller Anstrengung nicht hinaufklimmen, wirst du spielend, im Schlafe gehoben. Du bist im zwölften Jahre

1 Schwärmer

Fähndrich[1]. Im zwanzigsten Major. Ich hab es durchgesetzt beim Fürsten. Du wirst die Uniform ausziehen, und in das Ministerium eintreten. Der Fürst sprach vom Geheimen Rat – Gesandtschaften – außerordentlichen Gnaden. Eine herrliche Aussicht dehnt sich vor dir. – Die ebene Straße zunächst nach dem Throne – zum Throne selbst, wenn anders die Gewalt so viel wert ist, als ihre Zeichen – das begeistert dich nicht?

Ferdinand Weil meine Begriffe von Größe und Glück nicht ganz die Ihrigen sind – Ihre Glückseligkeit macht sich nur selten anders als durch Verderben bekannt. Neid, Furcht, Verwünschung sind die traurigen Spiegel, worin sich die Hoheit eines Herrschers belächelt. – Tränen, Flüche, Verzweiflung die entsetzliche Mahlzeit, woran diese gepriesenen Glücklichen schwelgen, von der sie betrunken aufstehen, und so in die Ewigkeit vor den Thron Gottes taumeln – Mein Ideal von Glück zieht sich genügsamer in mich selbst zurück. In meinem Herzen liegen alle meine Wünsche begraben. –

Präsident Meisterhaft! Unverbesserlich! Herrlich! Nach dreißig Jahren die erste Vorlesung wieder! – Schade nur, dass mein fünfzigjähriger Kopf zu zäh für das Lernen ist! – Doch – dies seltne Talent nicht einrosten zu lassen, will ich dir jemand an die Seite geben, bei dem du dich in dieser buntscheckigen Tollheit[2] nach Wunsch exerzieren[3] kannst. – Du wirst dich entschließen – noch heute entschließen – eine Frau zu nehmen.

1 Fähnrich, dienstjüngster Offizier
2 Verrücktheit
3 (lat.) üben, ausbilden

Ferdinand *(tritt bestürzt zurück)* Mein Vater?

Präsident Ohne Komplimente[1] – Ich habe der Lady Milford in deinem Namen eine Karte geschickt. Du wirst dich ohne Aufschub bequemen, dahin zu gehen, und ihr zu sagen, dass du ihr Bräutigam bist.

Ferdinand Der Milford, mein Vater?

Präsident Wenn sie dir bekannt ist –

Ferdinand *(außer Fassung)* Welcher Schandsäule[2] im Herzogtum ist sie das nicht! – Aber ich bin wohl lächerlich, lieber Vater, dass ich Ihre Laune für Ernst aufnehme? Würden Sie Vater zu dem Schurken Sohne sein wollen, der eine privilegierte Buhlerin[3] heuratete?

Präsident Noch mehr. Ich würde selbst um sie werben, wenn sie einen Fünfziger möchte – Würdest du zu dem Schurken Vater nicht Sohn sein wollen?

Ferdinand Nein! So wahr Gott lebt!

Präsident Eine Frechheit, bei meiner Ehre! die ich ihrer Seltenheit wegen vergebe –

Ferdinand Ich bitte Sie, Vater! lassen Sie mich nicht länger in einer Vermutung, wo es mir unerträglich wird, mich Ihren Sohn zu nennen.

Präsident Junge, bist du toll? Welcher Mensch von Vernunft würde nicht nach der Distinktion geizen[4], mit seinem Landesherrn an einem dritten Orte zu wechseln?

1 *hier* Ausrede
2 Pranger
3 *hier* vom Herzog bevorzugte Hure
4 nach Auszeichnung streben

Ferdinand Sie werden mir zum Rätsel, mein Vater. Distinktion nennen Sie es – Distinktion, da mit dem Fürsten zu teilen, wo er auch unter den Menschen hinunterkriecht[1]?

Präsident *(schlägt ein Gelächter auf)*

Ferdinand Sie können lachen – und ich will über das hinweggehen, Vater. Mit welchem Gesicht soll ich vor den schlechtesten Handwerker treten, der mit seiner Frau wenigstens doch einen ganzen Körper zum Mitgift[2] bekommt? Mit welchem Gesicht vor die Welt? Vor den Fürsten? Mit welchem vor die Buhlerin selbst, die den Brandflecken ihrer Ehre in meiner Schande auswaschen würde?

Präsident Wo in aller Welt bringst du das Maul her, Junge?

Ferdinand Ich beschwöre Sie bei Himmel und Erde! Vater, Sie können durch diese Hinwerfung Ihres einzigen Sohnes so glücklich nicht werden, als Sie ihn unglücklich machen. Ich gebe Ihnen mein Leben, wenn das Sie steigen machen[3] kann. Mein Leben hab ich von Ihnen, ich werde keinen Augenblick anstehen, es ganz Ihrer Größe zu opfern. – Meine Ehre, Vater – wenn Sie mir diese nehmen, so war es ein leichtfertiges Schelmenstück mir das Leben zu geben, und ich muss den Vater wie den Kuppler verfluchen.

Präsident *(freundlich, indem er ihn auf die Achsel klopft)* Brav, lieber Sohn. Jetzt seh ich, dass du ein ganzer Kerl

1 dem animalischen Geschlechtstrieb folgend
2 Aussteuer, Heiratsgabe
3 in der Gunst des Fürsten aufsteigen

bist, und der besten Frau im Herzogtum würdig. – Sie soll dir werden – Noch diesen Mittag wirst du dich mit der Gräfin von Ostheim verloben.

Ferdinand *(aufs Neue betreten)* Ist diese Stunde bestimmt, mich ganz zu zerschmettern?

Präsident *(einen laurenden[1] Blick auf ihn werfend)* Wo doch hoffentlich deine Ehre nichts einwenden wird?

Ferdinand Nein, mein Vater. Friederike von Ostheim könnte jeden andern zum Glücklichsten machen. *(Vor sich, in höchster Verwirrung.)* Was seine Bosheit an meinem Herzen noch ganz ließ, zerreißt seine Güte.

Präsident *(noch immer kein Aug von ihm wendend)* Ich warte auf deine Dankbarkeit, Ferdinand –

Ferdinand *(stürzt auf ihn zu und küsst ihm feurig die Hand)* Vater! Ihre Gnade entflammt meine ganze Empfindung – Vater! meinen heißesten Dank für Ihre herzliche Meinung – Ihre Wahl ist untadelhaft – aber – ich kann – ich darf – Bedauern Sie mich – Ich kann die Gräfin nicht lieben.

Präsident *(tritt einen Schritt zurück)* Holla! Jetzt hab ich den jungen Herrn. Also in diese Falle ging er, der listige Heuchler – Also es war nicht die Ehre, die dir die Lady verbot? – Es war nicht die Person sondern die Heurat, die du verabscheutest? –

Ferdinand *(steht zuerst wie versteinert, dann fährt er auf, und will fortrennen)*

Präsident Wohin? Halt! Ist das der Respekt, den du mir schuldig bist? *(Der Major kehrt zurück.)* Du bist bei der

1 *gemeint ist hier* lauernden

Lady gemeldet. Der Fürst hat mein Wort. Stadt und Hof wissen es richtig. – Wenn du mich zum Lügner machst, Junge – vor dem Fürsten – der Lady – der Stadt – dem Hof mich zum Lügner machst – Höre, Junge – oder wenn ich hinter gewisse Historien[1] komme! – Halt! Holla! Was bläst so auf einmal das Feuer in deinen Wangen aus?

Ferdinand *(schneeblass und zitternd)* Wie? Was? Es ist gewiss nichts, mein Vater!

Präsident *(einen fürchterlichen Blick auf ihn heftend)* Und wenn es was ist – und wenn ich die Spur finden sollte, woher diese Widersetzlichkeit stammt? – – Ha, Junge! der bloße Verdacht schon bringt mich zum Rasen. Geh den Augenblick. Die Wachparade fängt an. Du wirst bei der Lady sein, sobald die Parole[2] gegeben ist – Wenn ich auftrete, zittert ein Herzogtum. Lass doch sehen, ob mich ein Starrkopf von Sohn meistert. *(Er geht und kommt noch einmal wieder.)* Junge, ich sage dir, du wirst dort sein, oder fliehe meinen Zorn. *(Er geht ab.)*

Ferdinand *(erwacht aus einer dumpfen Betäubung)* Ist er weg? War das eines Vaters Stimme? – Ja! ich will zu ihr – will hin – will ihr Dinge sagen, will ihr einen Spiegel vorhalten – Nichtswürdige! und wenn du auch noch dann meine Hand verlangst – Im Angesicht des versammelten Adels, des Militärs und des Volks – Umgürte dich mit dem ganzen Stolz deines Englands – Ich verwerfe dich – ein teutscher Jüngling! *(Er eilt hinaus.)*

1 *hier* Liebesgeschichten
2 Leitspruch am Ende der Parade

Zweiter Akt

Ein Saal im Palais der Lady Milford; zur rechten Hand steht ein Sofa, zur linken ein Flügel.

ERSTE SZENE

Lady, in einem freien aber reizenden Negligé, die Haare noch unfrisiert, sitzt vor dem Flügel und phantasiert[1]*; Sophie, die Kammerjungfer, kommt von dem Fenster.*

Sophie Die Offiziers gehen auseinander. Die Wachparade ist aus – aber ich sehe noch keinen Walter.

Lady *(sehr unruhig, indem sie aufsteht und einen Gang durch den Saal macht)* Ich weiß nicht, wie ich mich heute finde, Sophie – Ich bin noch nie so gewesen – Also du sahst ihn gar nicht? – Freilich wohl – Es wird ihm nicht eilen – Wie ein Verbrechen liegt es auf meiner Brust – Geh, Sophie – Man soll mir den wildesten Renner herausführen, der im Marstall[2] ist. Ich muss ins Freie – Menschen sehen und blauen Himmel, und mich leichter reiten ums Herz herum.

Sophie Wenn Sie sich unpässlich fühlen, Mylady – berufen Sie Assemblee[3] hier zusammen. Lassen Sie den Herzog hier Tafel halten, oder die l'Hombre[4]-Tische vor

1 *hier* ohne Noten spielen, improvisieren
2 Pferdestall des Fürsten
3 (franz.) Versammlung, Gesellschaft.
4 L'Hombre: spanisches Kartenspiel

Ihren Sofa setzen. Mir sollte der Fürst und sein ganzer Hof zu Gebote stehn, und eine Grille im Kopfe surren[1]?

Lady *(wirft sich in den Sofa)* Ich bitte, verschone mich. Ich gebe dir einen Demant[2] für jede Stunde, wo ich sie mir vom Hals schaffen kann. Soll ich meine Zimmer mit diesem Volk tapezieren? – Das sind schlechte erbärmliche Menschen, die sich entsetzen, wenn mir ein warmes herzliches Wort entwischt, Mund und Nasen aufreißen, als sähen sie einen Geist – Sklaven eines einzigen Marionettendrahts, den ich leichter als mein Filet regiere. – Was fang ich mit Leuten an, deren Seelen so gleich als ihre Sackuhren[3] gehen? Kann ich eine Freude dran finden, sie was zu fragen, wenn ich voraus weiß, was sie mir antworten werden? Oder Worte mit ihnen wechseln, wenn sie das Herz nicht haben, andrer Meinung als ich zu sein? – Weg mit ihnen! Es ist verdrüsslich, ein Ross zu reiten, das nicht auch in den Zügel beißt. *(Sie tritt zum Fenster.)*

Sophie Aber den Fürsten werden Sie doch ausnehmen, Lady? Den schönsten Mann – den feurigsten Liebhaber – den witzigsten Kopf in seinem ganzen Lande!

Lady *(kommt zurück)* Denn es ist s e i n Land – und nur ein Fürstentum, Sophie, kann meinem Geschmack zur erträglichen Ausrede dienen – Du sagst, man beneide mich. Armes Ding! Beklagen soll man mich vielmehr. Unter allen, die an den Brüsten der Majestät trinken, kommt die Favoritin am schlechtesten weg, weil sie

1 eine fixe Idee haben
2 Diamant
3 Taschenuhr

allein dem großen und reichen Mann auf dem Bettelstabe begegnet – Wahr ist's, er kann mit dem Talisman seiner Größe jeden Gelust meines Herzens, wie ein Feenschloss, aus der Erde rufen. – Er setzt den Saft von zwei Indien[1] auf die Tafel – ruft Paradiese aus Wildnissen – lässt die Quellen seines Landes in stolzen Bögen gen Himmel springen, oder das Mark seiner Untertanen in einem Feuerwerk hinpuffen – – Aber kann er auch seinem Herzen befehlen, gegen ein großes feuriges Herz groß und feurig zu schlagen? Kann er sein darbendes[2] Gehirn auf ein einziges schönes Gefühl exequieren[3]? – Mein Herz hungert bei all dem Vollauf[4] der Sinne, und was helfen mich tausend bessre Empfindungen, wo ich nur Wallungen löschen darf?

Sophie *(blickt sie verwundernd an)* Wie lang ist es denn aber, dass ich Ihnen diene, Mylady?

Lady Weil du erst heute mit mir bekannt wirst? – Es ist wahr, liebe Sophie – ich habe dem Fürsten meine Ehre verkauft, aber mein Herz habe ich frei behalten – ein Herz, meine Gute, das vielleicht eines Mannes noch wert ist – über welches der giftige Wind des Hofes nur wie der Hauch über den Spiegel ging – Trau es mir zu, meine Liebe – dass ich es längst gegen diesen armseligen Fürsten behauptet hätte, wenn ich es nur von meinem Ehrgeiz erhalten könnte, einer Dame am Hof den Rang vor mir einzuräumen.

1 Wein aus West und Ostindien
2 dahinvegetierend
3 (lat.) abfordern, schicken
4 Übersättigung

Sophie Und dieses Herz unterwarf sich dem Ehrgeiz so gern?

Lady *(lebhaft)* Als wenn es sich nicht schon gerächt hätte! – Nicht jetzt noch sich rächte! – – Sophie *(bedeutend, indem sie die Hand auf Sophiens Achsel fallen lässt.)* Wir Frauenzimmer können nur zwischen Herrschen und Dienen wählen – aber die höchste Wonne der Gewalt ist doch nur ein elender Behelf, wenn uns die größere Wonne versagt wird, Sklavinnen eines Manns zu sein, den wir lieben.

Sophie Eine Wahrheit, Mylady, die ich von Ihnen zuletzt hören wollte!

Lady Und warum, meine Sophie? Sieht man es denn dieser kindischen Führung des Zepters nicht an, dass wir nur für das Gängelband taugen[1]? Sahst du es denn diesem launischen Flattersinn nicht an – diesen wilden Ergötzungen nicht an, dass sie nur wildere Wünsche in meiner Brust überlärmen sollten?

Sophie *(tritt erstaunt zurück)* Lady?

Lady *(lebhafter)* Befriedige diese! Gib mir den Mann, den ich jetzt denke – den ich anbete – sterben, Sophie, oder besitzen muss. *(Schmelzend.)* Lass mich aus seinem Mund es vernehmen, dass Tränen der Liebe schöner glänzen in unsern Augen, als die Brillanten in unserm Haar *(feurig)* und ich werfe dem Fürsten sein Herz und sein Fürstentum vor die Füße, fliehe mit diesem Mann, fliehe in die entlegenste Wüste der Welt – –

1 zur Bevormundung dienen

Sophie *(blickt sie erschrocken an)* Himmel! was machen Sie? Wie wird Ihnen, Lady?

Lady *(bestürzt)* Du entfärbst dich? – – Hab ich vielleicht etwas zu viel gesagt? – O so lass mich deine Zunge mit meinem Zutrauen binden – höre noch mehr – höre alles –

Sophie *(schaut sich ängstlich um)* Ich fürchte, Mylady – ich fürchte – ich brauch es nicht mehr zu hören.

Lady Die Verbindung mit dem Major – Du und die Welt stehen im Wahn, sie sei eine Hofkabale – Sophie – erröte nicht – schäme dich meiner nicht – sie ist das Werk – meiner Liebe.

Sophie Bei Gott! Was mir ahndete!

Lady Sie ließen sich beschwatzen, Sophie – der schwache Fürst – der hofschlaue Walter – der alberne Marschall – Jeder von ihnen wird darauf schwören, dass diese Heurat das unfehlbarste Mittel sei, mich dem Herzog zu retten, unser Band umso fester zu knüpfen. – – Ja! es auf ewig zu trennen! auf ewig diese schändliche Ketten zu brechen! – Belogene Lügner! Von einem schwachen Weib überlistet! – Ihr selbst führt mir jetzt meinen Geliebten zu. Das war es ja nur, was ich wollte – Hab ich ihn einmal – hab ich ihn – o dann auf immer gute Nacht, abscheuliche Herrlichkeit –

Kat. Imperativ.
1. Immer, wenn ich ...
. Jeder, der ...
. Die Allgemeinheit
. Ich kann ...

ZWEITE SZENE

Ein alter KAMMERDIENER *des Fürsten, der ein Schmuckkästchen trägt. Die* VORIGEN.

Kammerdiener Seine Durchlaucht der Herzog empfehlen sich Mylady zu Gnaden, und schicken Ihnen diese Brillanten zur Hochzeit. Sie kommen soeben erst aus Venedig.

Lady *(hat das Kästchen geöffnet und fährt erschrocken zurück)* Mensch! was bezahlt dein Herzog für diese Steine?

Kammerdiener *(mit finsterm Gesicht)* Sie kosten ihn keinen Heller[1].

Lady Was? Bist du rasend? Nichts? – und *(indem sie einen Schritt von ihm weg tritt)* du wirfst mir ja einen Blick zu, als wenn du mich durchbohren wolltest – Nichts kosten ihn diese unermesslich kostbaren Steine?

Kammerdiener Gestern sind siebentausend Landskinder nach Amerika fort – Die zahlen alles.

Lady *(setzt den Schmuck plötzlich nieder, und geht rasch durch den Saal, nach einer Pause zum Kammerdiener)* Mann, was ist dir? Ich glaube, du weinst?

Kammerdiener *(wischt sich die Augen, mit schrecklicher Stimm, alle Glieder zitternd)* Edelsteine wie diese da – Ich hab auch ein paar Söhne drunter.

1 deutsche Münze im Wert eines halben Pfennigs

Lady *(wendet sich bebend weg, seine Hand fassend)* Doch keinen Gezwungenen?

Kammerdiener *(lacht fürchterlich)* O Gott – Nein – lauter Freiwillige. Es traten wohl so etliche vorlaute Bursch' vor die Front heraus, und fragten den Obersten, wie teuer der Fürst das Joch[1] Menschen verkaufe? – aber unser gnädigster Landesherr ließ alle Regimenter auf dem Paradeplatz aufmarschieren, und die Maulaffen[2] niederschießen. Wir hörten die Büchsen knallen, sahen ihr Gehirn auf das Pflaster sprützen, und die ganze Armee schrie: Juchhe nach Amerika! –

Lady *(fällt mit Entsetzen in den Sofa)* Gott! Gott! – Und ich hörte nichts? Und ich merkte nichts?

Kammerdiener Ja, gnädige Frau – warum musstet Ihr denn mit unserm Herrn gerad auf die Bärenhatz reiten, als man den Lärmen zum Aufbruch schlug? – Die Herrlichkeit hättet Ihr doch nicht versäumen sollen, wie uns die gellenden Trommeln verkündigten, es ist Zeit, und heulende Waisen dort einen lebendigen Vater verfolgten, und hier eine wütende Mutter lief, ihr saugendes Kind an Bajonetten[3] zu spießen, und wie man Bräutigam und Braut mit Säbelhieben auseinander riss, und wir Graubärte verzweiflungsvoll dastanden, und den Burschen auch zuletzt die Krücken noch nachwarfen in die Neue Welt – Oh, und mitunter das polternde Wirbelschlagen, damit der Allwissende uns nicht sollte beten hören –

1 *hier* ein paar
2 Schaulustige
3 auf ein Gewehr aufgesteckte Stoß- und Stichwaffe

Lady *(steht auf, heftig bewegt)* Weg mit diesen Steinen – sie blitzen Höllenflammen in mein Herz. *(Sanfter zum Kammerdiener.)* Mäßige dich, armer alter Mann. Sie werden wiederkommen. Sie werden ihr Vaterland wiedersehen.

Kammerdiener *(warm und voll)* Das weiß der Himmel! Das werden sie! – Noch am Stadttor drehten sie sich um, und schrieen: „Gott mit euch, Weib und Kinder – Es leb' unser Landesvater – am Jüngsten Gericht sind wir wieder da!" –

Lady *(mit starkem Schritt auf und nieder gehend)* Abscheulich! Fürchterlich! – Mich beredete man, ich habe sie alle getrocknet die Tränen des Landes – Schrecklich, schrecklich gehen mir die Augen auf – Geh du – Sag deinem Herrn – Ich werd ihm persönlich danken. *(Kammerdiener will gehen, sie wirft ihm ihre Goldbörse in den Hut.)* Und das nimm, weil du mir Wahrheit sagtest –

Kammerdiener *(wirft sie verächtlich auf den Tisch zurück)* Legt's zu dem Übrigen. *(Er geht ab.)*

Lady *(sieht ihm erstaunt nach)* Sophie, spring ihm nach, frag ihn um seinen Namen. Er soll seine Söhne wiederhaben. *(Sophie ab. Lady nachdenkend auf und nieder. Pause. Zu Sophien, die wiederkommt.)* Ging nicht jüngst ein Gerüchte, dass das Feuer eine Stadt an der Grenze verwüstet, und bei vierhundert Familien an den Bettelstab gebracht habe? *(Sie klingelt.)*

Sophie Wie kommen Sie auf das? Allerdings ist es so, und die mehresten dieser Unglücklichen dienen jetzt ihren Gläubigern als Sklaven, oder verderben in den Schachten der fürstlichen Silberbergwerke.

Bedienter *(kommt)* Was befehlen Mylady?

Lady *(gibt ihm den Schmuck)* Dass das ohne Verzug in die Landschaft[1] gebracht werde! – Man soll es sogleich zu Geld machen, befehl ich, und den Gewinst davon unter die Vierhundert verteilen, die der Brand ruiniert hat.

Sophie Mylady, bedenken Sie, dass Sie die höchste Ungnade wagen.

Lady *(mit Größe)* Soll ich den Fluch seines Landes in meinen Haaren tragen? *(Sie winkt dem Bedienten, dieser geht.)* Oder willst du, dass ich unter dem schrecklichen Geschirr[2] solcher Tränen zu Boden sinke? – Geh, Sophie – Es ist besser, falsche Juwelen im Haar, und das Bewusstsein dieser Tat im Herzen zu haben.

Sophie Aber Juwelen, wie diese! Hätten Sie nicht Ihre schlechtern nehmen können? Nein wahrlich, Mylady! Es ist Ihnen nicht zu vergeben.

Lady Närrisches Mädchen! Dafür werden in e i n e m Augenblick mehr Brillanten und Perlen für mich fallen, als zehen Könige in ihren Diademen getragen, und schönere –

Bedienter *(kommt zurück)* Major von Walter –

Sophie *(springt auf die Lady zu)* Gott! Sie verblassen –

Lady Der erste Mann, der mir Schrecken macht – Sophie – Ich sei unpässlich, Eduard – Halt – Ist er aufgeräumt? Lacht er? Was spricht er? O Sophie! Nicht wahr, ich sehe hässlich aus?

Sophie Ich bitte Sie, Lady –

1 *hier* Versammlungsgebäude der württembergischen Landstände
2 *hier* Joch der Diademe

Bedienter Befehlen Sie, dass ich ihn abweise?

Lady *(stotternd)* Er soll mir willkommen sein. *(Bedienter hinaus.)* Sprich, Sophie – Was sag ich ihm? Wie empfang ich ihn? – Ich werde stumm sein. – Er wird meiner Schwäche spotten – Er wird – o was ahndet mir – Du verlässest mich, Sophie? – Bleib – Doch nein! Gehe! – So bleib doch. *(Der Major kommt durch das Vorzimmer.)*

Sophie Sammeln Sie sich. Er ist schon da.

DRITTE SZENE

Ferdinand von Walter. Die Vorigen.

Ferdinand *(mit einer kurzen Verbeugung)* Wenn ich Sie worin unterbreche, gnädige Frau –

Lady *(unter merkbarem Herzklopfen)* In nichts, Herr Major, das mir wichtiger wäre.

Ferdinand Ich komme auf Befehl meines Vaters.

Lady Ich bin seine Schuldnerin.

Ferdinand Und soll Ihnen m e l d e n, dass wir uns heuraten – So weit der Auftrag meines Vaters.

Lady *(entfärbt sich und zittert)* Nicht Ihres eigenen Herzens?

Ferdinand Minister und Kuppler pflegen das niemals zu fragen.

Lady *(mit einer Beängstigung, dass ihr die Worte versagen)* Und Sie selbst hätten sonst nichts beizusetzen?

Ferdinand *(mit einem Blick auf die Mamsell)* Noch sehr viel, Mylady.

Lady *(gibt Sophien einen Wink, diese entfernt sich)* Darf ich Ihnen diesen Sofa anbieten?

Ferdinand Ich werde kurz sein, Mylady.

Lady Nun?

Ferdinand Ich bin ein Mann von Ehre.

Lady Den ich zu schätzen weiß.

Ferdinand Kavalier.

Lady Kein bessrer im Herzogtum.

Ferdinand Und Offizier.

Lady *(schmeichelhaft)* Sie berühren hier Vorzüge, die auch andere mit Ihnen gemein haben. Warum verschweigen Sie größere, worin Sie e i n z i g sind?

Ferdinand *(frostig)* Hier brauch ich sie nicht.

Lady *(mit immer steigender Angst)* Aber für was muss ich diesen Vorbericht nehmen?

Ferdinand *(langsam und mit Nachdruck)* Für den Einwurf der Ehre, wenn Sie Lust haben sollten, meine Hand zu erzwingen.

Lady *(auffahrend)* Was ist das, Herr Major?

Ferdinand *(gelassen)* Die Sprache meines Herzens – meines Wappens – und dieses Degens.

Lady Diesen Degen gab Ihnen der Fürst.

Ferdinand Der Staat gab mir ihn, durch die Hand des Fürsten – mein Herz Gott – mein Wappen ein halbes Jahrtausend.

Lady Der Name des Herzogs –

Ferdinand *(hitzig)* Kann der Herzog Gesetze der Menschheit verdrehen, oder Handlungen münzen[1], wie seine Dreier[2]? – Er selbst ist nicht über die Ehre erhaben, aber er kann ihren Mund mit seinem Golde verstopfen. Er kann den Hermelin[3] über seine Schande herwerfen. Ich bitte mir aus, davon nichts mehr, Mylady – Es ist nicht mehr die Rede von weggeworfenen Aussichten und Ahnen – oder von dieser Degenquaste – oder von der Meinung der Welt. Ich bin bereit, dies alles mit Füßen zu treten, sobald Sie mich nur überzeugt haben werden, dass der Preis nicht schlimmer noch als das Opfer ist.

Lady *(schmerzhaft von ihm weggehend)* Herr Major! Das hab ich nicht verdient.

Ferdinand *(ergreift ihre Hand)* Vergeben Sie. Wir reden hier ohne Zeugen. Der Umstand, der Sie und mich – heute und nie mehr – zusammenführt, berechtigt mich, zwingt mich, Ihnen mein geheimstes Gefühl nicht zurückzuhalten. – – Es will mir nicht zu Kopfe, Mylady, dass eine Dame von so viel Schönheit und Geist – Eigenschaften, die ein Mann schätzen würde – sich an einen Fürsten sollte wegwerfen können, der nur das Geschlecht an ihr zu bewundern gelernt hat, wenn sich diese Dame nicht schämte, vor einen Mann mit ihrem Herzen zu treten.

Lady *(schaut ihm groß ins Gesicht)* Reden Sie ganz aus.

1 prägen
2 Münze mit sehr geringem Wert
3 *hier* kostbarer Mantel mit Pelzbesatz aus Hermelin

Ferdinand Sie nennen sich eine Britin. Erlauben Sie mir – ich kann es nicht glauben, dass Sie eine Britin sind. Die freigeborene Tochter des freiesten Volks unter dem Himmel[1] – das auch zu stolz ist, fremder Tugend zu räuchern[2], – kann sich nimmermehr an fremdes Laster verdingen. Es ist nicht möglich, dass Sie eine Britin sind, – oder das Herz dieser Britin muss um so viel kleiner sein, als größer und kühner Britanniens Adern schlagen.

Lady Sind Sie zu Ende?

Ferdinand Man könnte antworten, es ist weibliche Eitelkeit – Leidenschaft – Temperament – Hang zum Vergnügen. Schon öfters überlebte Tugend die Ehre. Schon manche, die mit Schande in diese Schranke trat, hat nachher die Welt durch edle Handlungen mit sich ausgesöhnt, und das hässliche Handwerk durch einen schönen Gebrauch geadelt – – Aber woher denn jetzt diese ungeheure Pressung[3] des Landes, die vorher nie so gewesen? – Das war im Namen des Herzogtums. – Ich bin zu Ende.

Lady *(mit Sanftmut und Hoheit)* Es ist das erste Mal, Walter, dass solche Reden an mich gewagt werden, und Sie sind der einzige Mensch, dem ich darauf antworte – Dass Sie meine Hand verwerfen, darum schätz ich Sie. Dass Sie mein Herz lästern, vergebe ich Ihnen. Dass es Ihr Ernst ist, glaube ich Ihnen nicht. Wer sich heraus-

1 Liberalismus und Parlamentarismus waren in England am Weitesten entwickelt.
2 sich mit fremder Tugend schmücken
3 Abgaben / Steuereintreibung

nimmt, Beleidigungen dieser Art einer Dame zu sagen, die nicht mehr als eine Nacht braucht, ihn ganz zu verderben, muss dieser Dame eine große Seele zutrauen, oder – von Sinnen sein – Dass Sie den Ruin des Landes auf meine Brust wälzen, vergebe Ihnen Gott der Allmächtige, der Sie und mich und den Fürsten einst gegeneinander stellt. – Aber Sie haben die Engländerin in mir aufgefodert, und auf Vorwürfe dieser Art muss mein Vaterland Antwort haben.

Ferdinand *(auf seinen Degen gestützt)* Ich bin begierig.

Lady Hören Sie also, was ich, außer Ihnen, noch niemand vertraute, noch jemals einem Menschen vertrauen will. – – Ich bin nicht die Abenteurerin, Walter, für die Sie mich halten. Ich könnte großtun und sagen: Ich bin fürstlichen Geblüts – aus des unglücklichen Thomas Norfolks Geschlechte[1], der für die schottische Maria ein Opfer war[2] – Mein Vater, des Königs oberster Kämmerer[3], wurde bezüchtigt, in verrätrischem Vernehmen mit Frankreich zu stehen, durch einen Spruch der Parlamente verdammt, und enthauptet. – Alle unsre Güter fielen der Krone zu. Wir selbst wurden des Landes verwiesen. Meine Mutter starb am Tage der Hinrichtung. Ich – ein vierzehenjähriges Mädchen – flohe nach Teutschland

1 aus dem Geschlecht Thomas Howard, Herzog von Norfolk (1536–1572)

2 Thomas Howard versuchte Königin Elisabeth I. durch Maria Stuart, Königin von Schottland, zu ersetzen und wurde wegen dieser Verschwörung 1572 hingerichtet. Dieses Thema hat Schiller außerdem in seinem Drama „Maria Stuart“ (1800) verarbeitet.

3 Finanzbeamter am Königshof

mit meiner Wärterin[1] – einem Kästchen Juwelen – und diesem Familienkreuz, das meine sterbende Mutter mit ihrem letzten Segen mir in den Busen steckte.

Ferdinand *(wird nachdenkend und heftet wärmere Blicke auf die Lady).*

Lady *(fährt fort mit immer zunehmender Rührung)* Krank – ohne Namen – ohne Schutz und Vermögen – eine ausländische Waise kam ich nach Hamburg. Ich hatte nichts gelernt, als das bisschen Französisch – ein wenig Filet, und den Flügel – desto besser verstund ich auf Gold und Silber zu speisen, unter damastenen[2] Decken zu schlafen, mit einem Wink zehen Bediente fliegen zu machen und die Schmeicheleien der Großen Ihres Geschlechts aufzunehmen. – Sechs Jahre waren schon hingeweint. – Die letzte Schmucknadel flog dahin – Meine Wärterin starb – – und jetzt führte mein Schicksal Ihren Herzog nach Hamburg. Ich spazierte damals an den Ufern der Elbe, sah in den Strom, und fing eben an zu phantasieren, ob dieses Wasser oder mein Leiden das Tiefste wäre? – Der Herzog sah mich, verfolgte mich, fand meinen Aufenthalt, – lag zu meinen Füßen, und schwur, dass er mich liebe. *(Sie hält in großen Bewegungen inne, dann fährt sie fort mit weinender Stimme.)* Alle Bilder meiner glücklichen Kindheit wachten jetzt wieder mit verführendem Schimmer auf – Schwarz wie das Grab graute mich eine trostlose Zukunft an – Mein Herz brannte nach einem Herzen – Ich

1 *hier* Erzieherin
2 Seidendecken

sank an das seinige. *(Von ihm wegstürzend.)* Jetzt verdammen Sie mich!

Ferdinand *(sehr bewegt, eilt ihr nach, und hält sie zurück)* Lady! o Himmel! Was hör ich? Was tat ich? – – Schrecklich enthüllt sich mein Frevel mir. Sie können mir nicht mehr vergeben.

Lady *(kommt zurück, und hat sich zu sammeln gesucht)* Hören Sie weiter. Der Fürst überraschte zwar meine wehrlose Jugend – aber das Blut der Norfolk empörte sich in mir: Du, eine geborene Fürstin, Emilie, rief es, und jetzt eines Fürsten Konkubine[1]? – Stolz und Schicksal kämpften in meiner Brust, als der Fürst mich hieherbrachte, und auf einmal die schauderndste Szene vor meinen Augen stand. – Die Wollust der Großen dieser Welt ist die nimmer satte Hyäne, die sich mit Heißhunger Opfer sucht. – Fürchterlich hatte sie schon in diesem Lande gewütet – hatte Braut und Bräutigam zertrennt – hatte selbst der Ehen göttliches Band zerrissen – – hier das stille Glück einer Familie geschleift[2] – dort ein junges unerfahrnes Herz der verheerenden Pest aufgeschlossen, und sterbende Schülerinnen schäumten den Namen ihres Lehrers unter Flüchen und Zuckungen aus – Ich stellte mich zwischen das Lamm und den Tiger; nahm einen fürstlichen Eid von ihm in einer Stunde der Leidenschaft, und diese abscheuliche Opferung musste aufhören.

Ferdinand *(rennt in der heftigsten Unruhe durch den Saal)* Nichts mehr, Mylady! Nicht weiter!

1 Geliebte, Mätresse
2 zerstört

Lady Diese traurige Periode hatte einer noch traurigern Platz gemacht. Hof und Serail[1] wimmelten jetzt von Italiens Auswurf. Flatterhafte Pariserinnen tändelten mit dem furchtbaren Zepter, und das Volk blutete unter ihren Launen – Sie alle erlebten ihren Tag. Ich sah sie neben mir in den Staub sinken, denn ich war mehr Kokette[2], als sie alle. Ich nahm dem Tyrannen den Zügel ab, der wollüstig in meiner Umarmung erschlappte – dein Vaterland, Walter, fühlte zum ersten Mal eine Menschenhand, und sank vertrauend an meinen Busen. *(Pause, worin sie ihn schmelzend ansieht.)* O dass der Mann, von dem ich allein nicht verkannt sein möchte, mich jetzt zwingen muss, groß zu prahlen, und meine stille Tugend am Licht der Bewunderung zu versengen! – Walter, ich habe Kerker gesprengt – habe Todesurteile zerrissen, und manche entsetzliche Ewigkeit auf Galeeren[3] verkürzt. In unheilbare Wunden hab ich doch wenigstens stillenden Balsam gegossen – mächtige Frevler in Staub gelegt, und die verlorne Sache der Unschuld oft noch mit einer buhlerischen Träne gerettet – Ha Jüngling! wie süß war mir das! Wie stolz konnte mein Herz jede Anklage meiner fürstlichen Geburt widerlegen! – Und jetzt kommt der Mann, der allein mir das alles belohnen sollte – der Mann, den mein erschöpftes Schicksal vielleicht zum Ersatz meiner vorigen Leiden schuf – der Mann, den ich mit brennender Sehnsucht im Traum schon umfasse –

1 Palast
2 gefallsüchtige, eitle Frau
3 Ruderschiffe, auf denen meist Sklaven eingesetzt wurden

Ferdinand *(fällt ihr ins Wort, durch und durch erschüttert)* Zuviel! Zuviel! Das ist wider die Abrede, Lady. Sie sollten sich von Anklagen reinigen und machen mich zu einem Verbrecher. Schonen Sie – ich beschwöre Sie – schonen Sie meines Herzens, das Beschämung und wütende Reue zerreißen –

Lady *(hält seine Hand fest)* Jetzt oder nimmermehr. Lange genug hielt die Heldin stand – Das Gewicht dieser Tränen musst du noch fühlen. *(Im zärtlichsten Ton.)* Höre, Walter – wenn eine Unglückliche – unwiderstehlich allmächtig an dich gezogen – sich an dich presst mit einem Busen voll glühender unerschöpflicher Liebe, – Walter – und du jetzt noch das kalte Wort Ehre sprichst – Wenn diese Unglückliche – niedergedrückt vom Gefühl ihrer Schande – des Lasters überdrüssig – heldenmäßig emporgehoben vom Rufe der Tugend – sich so – in deine Arme wirft *(sie umfasst ihn, beschwörend und feierlich)* – durch dich gerettet – durch dich dem Himmel wiedergeschenkt sein will, der *(das Gesicht von ihm abgewandt, mit hohler, bebender Stimme)* deinem Bild zu entfliehen, dem fürchterlichen Ruf der Verzweiflung gehorsam, in noch abscheulichere Tiefen des Lasters wieder hinuntertaumelt –

Ferdinand *(von ihr losreißend, in der schrecklichsten Bedrängnis)* Nein, beim großen Gott! Ich kann das nicht aushalten – Lady, ich muss – Himmel und Erde liegen auf mir – ich muss Ihnen ein Geständnis tun, Lady.

Lady *(von ihm wegfliehend)* Jetzt nicht! Jetzt nicht, bei allem was heilig ist – In diesem entsetzlichen Augenblick nicht, wo mein zerrissenes Herz an tausend

Dolchstichen blutet – Sei's Tod oder Leben – ich darf es nicht – ich will es nicht hören.

Ferdinand Doch, doch, beste Lady. Sie müssen es. Was ich Ihnen jetzt sagen werde, wird meine Strafbarkeit mindern, und eine warme Abbitte des Vergangenen sein – Ich habe mich in Ihnen betrogen, Mylady. Ich erwartete – ich wünschte, Sie meiner Verachtung würdig zu finden. Fest entschlossen, Sie zu beleidigen, und Ihren Hass zu verdienen, kam ich her – Glücklich wir beide, wenn mein Vorsatz gelungen wäre! *(Er schweigt eine Weile, darauf leiser und schüchterner.)* Ich liebe, Mylady – liebe ein bürgerliches Mädchen – Luisen Millerin – eines Musikus Tochter. *(Lady wendet sich bleich von ihm weg, er fährt lebhafter fort.)* Ich weiß, worein ich mich stürze; aber wenn auch Klugheit die Leidenschaft schweigen heißt, so redet die Pflicht desto lauter – Ich bin der Schuldige. Ich zuerst zerriss ihrer Unschuld goldenen Frieden – wiegte ihr Herz mit vermessenen Hoffnungen, und gab es verräterisch der wilden Leidenschaft preis. – Sie werden mich an Stand – an Geburt – an die Grundsätze meines Vaters erinnern – aber ich liebe – Meine Hoffnung steigt umso höher, je tiefer die Natur mit Konvenienzen[1] zerfallen ist. – Mein Entschluss und das Vorurteil! – Wir wollen sehen, ob die Mode[2] oder die Menschheit auf dem Platz bleiben wird. *(Lady hat sich unterdes bis an das äußerste Ende des Zimmers zurückgezogen, und hält das Gesicht*

1 Konvention, *hier* geltende Sitten
2 *hier* Standesvorschrift

mit beiden Händen bedeckt. Er folgt ihr dahin.) Sie wollten mir etwas sagen, Mylady?

Lady *(im Ausdruck des heftigsten Leidens)* Nichts, Herr von Walter! Nichts, als dass Sie s i c h und m i c h und n o c h e i n e D r i t t e zugrund richten.

Ferdinand Noch eine Dritte?

Lady Wir können miteinander n i c h t glücklich werden. Wir müssen doch der Voreiligkeit Ihres Vaters zum Opfer werden. Nimmermehr werd ich das Herz eines Mannes haben, der mir seine Hand nur gezwungen gab.

Ferdinand Gezwungen, Lady? Gezwungen gab? und also doch gab? Können S i e eine Hand ohne Herz erzwingen? S i e einem Mädchen den Mann entwenden, der die ganze Welt dieses Mädchens ist? S i e einen Mann von dem Mädchen reißen, das die ganze Welt dieses Mannes ist? Sie, Mylady – vor einem Augenblick die b e w u n d e r n s w ü r d i g e B r i t i n? – S i e können das?

Lady Weil ich es m u s s. *(Mit Ernst und Stärke.)* Meine Leidenschaft, Walter, weicht meiner Zärtlichkeit für Sie. Meine E h r e kann's nicht mehr – Unsre Verbindung ist das Gespräch des ganzen Landes. Alle Augen, alle Pfeile des Spotts sind auf mich gespannt. Die Beschimpfung ist unauslöschlich, wenn ein Untertan des Fürsten mich ausschlägt. Rechten Sie mit Ihrem Vater. Wehren Sie sich, so gut Sie können. – Ich lass alle Minen sprengen[1]. *(Sie geht schnell ab. Der Major bleibt in sprachloser Erstarrung stehn. Pause. Dann stürzt er fort durch die Flügeltüre.)*

1 kein Mittel unversucht lassen

VIERTE SZENE

Zimmer beim Musikanten.

MILLER, FRAU MILLERIN, LUISE treten auf.

Miller *(hastig ins Zimmer)* Ich hab's ja zuvor gesagt!

Luise *(sprengt ihn ängstlich an)* Was, Vater, was?

Miller *(rennt wie toll auf und nieder)* Meinen Staatsrock her – hurtig[1] – ich muss ihm zuvorkommen – und ein weißes Manschettenhemd! – Das hab ich mir gleich eingebildet!

Luise Um Gottes willen! Was?

Millerin Was gibt's denn? Was ist's denn?

Miller *(wirft seine Perücke ins Zimmer)* Nur gleich zum Friseur das! – Was es gibt? *(Vor den Spiegel gesprungen.)* Und mein Bart ist auch wieder fingerslang – Was es gibt? – Was wird's geben, du Rabenaas? – Der Teufel ist los, und dich soll das Wetter schlagen[2].

Frau Da sehe man! Über mich muss gleich alles kommen.

Miller Über dich? Ja, blaues Donnermaul, und über wen anders? Heute früh mit deinem diabolischen[3] Junker – Hab ich's nicht im Moment gesagt? – Der Wurm hat geplaudert.

Frau Ah was! Wie kannst du das wissen?

1 schnell
2 der Blitz treffen
3 teuflisch

Miller Wie kann ich das wissen? – Da! – unter der Haustüre spukt ein Kerl des Ministers, und fragt nach dem Geiger.

Luise Ich bin des Todes.

Miller Du aber auch mit deinen Vergissmeinnichtsaugen! *(Lacht voll Bosheit.)* Das hat seine Richtigkeit, wem der Teufel ein Ei in die Wirtschaft gelegt hat, dem wird eine hübsche Tochter geboren – Jetzt hab ich's blank!

Frau Woher weißt du denn, dass es der Luise gilt? – Du kannst dem Herzog rekommendiert[1] worden sein. Er kann dich ins Orchester verlangen.

Miller *(springt nach seinem Rohr[2])* Dass dich der Schwefelregen von Sodom[3]! – Orchester! – Ja, wo du Kupplerin den Diskant[4] wirst heulen und mein blauer Hinterer den Konterbass vorstellen. *(Wirft sich in seinen Stuhl.)* Gott im Himmel!

Luise *(setzt sich totenbleich nieder)* Mutter! Vater! Warum wird mir auf einmal so bange?

Miller *(springt wieder vom Stuhl auf)* Aber soll mir der Dintenkleckser[5] einmal in den Schuss laufen! – Soll er mir laufen! – Es sei in dieser oder in jener Welt – Wenn ich ihm nicht Leib und Seele breiweich zusammendresche, alle zehen Gebote und alle sieben Bitten im Vaterunser, und alle Bücher Mosis und der Propheten

1 rekommandieren, empfehlen
2 Spazierstock
3 Ausdruck der Verfluchung, Anspielung auf biblische Geschichte der gottbestraften Städte Sodom und Gomorrha
4 Sopran, höchste Stimmlage
5 abfällig für Schreiber (gemeint ist Wurm)

aufs Leder[1] schreibe, dass man die blaue Flecken bei der Auferstehung der Toten noch sehen soll –

Frau Ja! fluch du und poltre du! Das wird jetzt den Teufel bannen. Hilf, heiliger Herregott! Wohinaus nun? Wie werden wir Rat schaffen? Was nun anfangen? Vater Miller, so rede doch! *(Sie läuft heulend durchs Zimmer.)*

Miller Auf der Stell zum Minister will ich. Ich zuerst will mein Maul auftun – Ich selbst will es angeben. Du hast es vor mir gewusst. Du hättest mir einen Wink geben können. Das Mädel hätt sich noch weisen lassen. Es wäre noch Zeit gewesen – aber nein! – Da hat sich was makeln[2] lassen; da hat sich was fischen lassen! Da hast du noch Holz obendrein zugetragen[3]! – Jetzt sorg auch für deinen Kuppelpelz[4]. Friss aus, was du einbrocktest! Ich nehme meine Tochter in Arm, und marsch mit ihr über die Grenze.

imperativ: Befehl, Handlungsanweisung
kategorisch: ausnahmslos Gültig
Maxime: persönliche Handlungsregel, die für mich gilt
allgemeines Gesetz: allgemeine Handlungsregel die für jeden gilt
Autonomie: selbst-gesetzgebung

1 auf die Haut
2 ein Geschäft vermitteln
3 Feuer weiter entfacht, angeheizt
4 Belohnung für erfolgreiche Heiratsvermittlung

FÜNFTE SZENE

Ferdinand von Walter stürzt erschrocken und außer Atem ins Zimmer. Die Vorigen.

Ferdinand War mein Vater da?

Luise *(fährt mit Schrecken auf)* Sein Vater! Allmächtiger Gott!

Frau *(schlägt die Hände zusammen)* Der Präsident! Es ist aus mit uns!

Miller *(lacht voll Bosheit)* Gottlob! Gottlob! Da haben wir ja die Bescherung!

(Alle zugleich)

Ferdinand *(eilt auf Luisen zu, und drückt sie stark in die Arme)* Mein bist du, und wärfen Höll und Himmel sich zwischen uns.

Luise Mein Tod ist gewiss – Rede weiter – Du sprachst einen schrecklichen Namen aus – dein Vater?

Ferdinand Nichts. Nichts. Es ist überstanden. Ich hab dich ja wieder. Du hast mich ja wieder. O lass mich Atem schöpfen an dieser Brust. Es war eine schreckliche Stunde.

Luise Welche? Du tötest mich!

Ferdinand *(tritt zurück, und schaut sie bedeutend an)* Eine Stunde, Luise, wo zwischen mein Herz und dich eine fremde Gestalt sich warf – wo meine Liebe vor meinem Gewissen erblasste – wo meine Luise aufhörte, ihrem Ferdinand alles zu sein – –

Luise *(sinkt mit verhülltem Gesicht auf den Sessel nieder).*

Ferdinand *(geht schnell auf sie zu, bleibt sprachlos mit starrem Blick vor ihr stehen, dann verlässt er sie plötzlich, in großer Bewegung)* Nein! Nimmermehr! Unmöglich, Lady! Zu viel verlangt! Ich kann dir diese Unschuld nicht opfern – Nein, beim unendlichen Gott! ich kann meinen Eid nicht verletzen, der mich laut wie des Himmels Donner aus diesem brechenden Auge mahnt – Lady, blick hieher – hieher, du Rabenvater – Ich soll diesen Engel würgen? Die Hölle soll ich in diesen himmlischen Busen schütten? *(Mit Entschluss auf sie zueilend.)* Ich will sie führen vor des Weltrichters Thron, und ob meine Liebe Verbrechen ist, soll der Ewige sagen. *(Er fasst sie bei der Hand, und hebt sie vom Sessel.)* Fasse Mut, meine Teuerste! – Du hast gewonnen. Als Sieger komm ich aus dem gefährlichsten Kampf zurück.

Luise Nein! Nein! Verhehle mir nichts. Sprich es aus, das entsetzliche Urteil. Deinen Vater nanntest du? Du nanntest die Lady? Schauer des Todes ergreifen mich – Man sagt, sie wird heiraten.

Ferdinand *(stürzt betäubt zu Luisens Füßen nieder)* Mich, Unglückselige!

Luise *(nach einer Pause, mit stillem bebenden Ton und schrecklicher Ruhe)* Nun – was erschreck ich denn? – Der alte Mann dort hat mir's ja oft gesagt – ich hab es ihm nie glauben wollen. *(Pause, dann wirft sie sich Millern laut weinend in den Arm.)* Vater, hier ist deine Tochter wieder – Verzeihung, Vater – Dein Kind kann ja nicht dafür, dass dieser Traum so schön war, und – – so fürchterlich jetzt das Erwachen – –

Miller Luise! Luise! – O Gott, sie ist von sich – Meine Tochter, mein armes Kind – Fluch über den Verführer! – Fluch über das Weib, das ihm kuppelte!

Frau *(wirft sich jammernd auf Luisen)* Verdien ich diesen Fluch, meine Tochter? Vergeb's Ihnen Gott, Baron – Was hat dieses Lamm getan, dass Sie es würgen?

Ferdinand *(springt an ihr auf, voll Entschlossenheit)* Aber ich will seine Kabalen durchbohren – durchreißen will ich alle diese eiserne Ketten des Vorurteils – Frei wie ein Mann will ich wählen, dass diese Insektenseelen am Riesenwerk meiner Liebe hinaufschwindeln. *(Er will fort.)*

Luise *(zittert vom Sessel auf, folgt ihm)* Bleib! Bleib! Wohin willst du? – Vater – Mutter – in dieser bangen Stunde verlässt er uns?

Frau *(eilt ihm nach, hängt sich an ihn)* Der Präsident wird hieherkommen – Er wird unser Kind misshandeln – Er wird u n s misshandeln – Herr von Walter, und Sie verlassen uns?

Miller *(lacht wütend)* Verlässt uns! Freilich! Warum nicht? – S i e gab ihm ja alles hin! *(Mit der einen Hand den Major, mit der andern Luisen fassend.)* Geduld, Herr! der Weg aus meinem Hause geht nur über d i e s e da – Erwarte erst deinen Vater, wenn du kein Bube bist – Erzähl es ihm, wie du dich in ihr Herz stahlst, Betrüger, oder bei Gott! *(ihm seine Tochter zuschleudernd, wild und heftig)* du sollst mir zuvor diesen wimmernden Wurm zertreten, den Liebe zu dir s o zuschanden richtete.

Ferdinand *(kommt zurück, und geht auf und ab in tiefen Gedanken)* Zwar die Gewalt des Präsidenten ist groß –

Vaterrecht ist ein weites Wort – der Frevel selbst kann sich in seinen Falten verstecken – er kann es weit damit treiben – Weit! – Doch aufs Äußerste treibt's nur die Liebe – Hier, Luise! Deine Hand in die meinige. *(Er fasst diese heftig.)* So wahr mich Gott im letzten Hauch nicht verlassen soll! – Der Augenblick, der diese zwo Hände trennt, zerreißt auch den Faden zwischen mir und der Schöpfung.

Luise Mir wird bange! Blick weg! Deine Lippen beben. Dein Auge rollt fürchterlich –

Ferdinand Nein, Luise. Zittre nicht. Es ist nicht Wahnsinn, was aus mir redet. Es ist das köstliche Geschenk des Himmels, Entschluss in dem geltenden Augenblick, wo die gepresste Brust nur durch etwas Unerhörtes sich Luft macht – Ich liebe dich, Luise – Du sollst mir bleiben, Luise – Jetzt zu meinem Vater! *(Er eilt schnell fort und rennt – gegen den Präsidenten.)*

SECHSTE SZENE

Der PRÄSIDENT mit einem Gefolge von BEDIENTEN, VORIGE.

Präsident *(im Hereintreten)* Da ist er schon.

Alle *(erschrocken)*

Ferdinand *(weicht einige Schritte zurücke)* Im Hause der Unschuld.

Präsident Wo der Sohn Gehorsam gegen den Vater lernt?

Ferdinand Lassen Sie uns das – –

Präsident *(unterbricht ihn, zu Millern)* Er ist der Vater?

Miller Stadtmusikant Miller.

Präsident *(zur Frau)* Sie die Mutter?

Frau Ach ja! die Mutter.

Ferdinand *(zu Millern)* Vater, bring Er die Tochter weg – Sie droht eine Ohnmacht.

Präsident Überflüssige Sorgfalt. Ich will sie anstreichen[1]. *(Zu Luisen.)* Wie lang kennt Sie den Sohn des Präsidenten?

Luise Diesem habe ich nie nachgefragt. Ferdinand von Walter besucht mich seit dem November.

Ferdinand Betet sie an.

Präsident Erhielt Sie Versicherungen?

Ferdinand Vor wenig Augenblicken die feierlichste im Angesicht Gottes.

Präsident *(zornig zu seinem Sohn)* Zur Beichte deiner Torheit wird man dir schon das Zeichen geben. *(Zu Luisen.)* Ich warte auf Antwort.

Luise Er schwur mir Liebe.

Ferdinand Und wird sie halten.

Präsident Muss ich befehlen, dass du schweigst? – Nahm Sie den Schwur an?

Luise *(zärtlich)* Ich erwiderte ihn.

Ferdinand *(mit fester Stimme)* Der Bund ist geschlossen.

Präsident Ich werde das Echo hinauswerfen lassen. *(Boshaft zu Luisen.)* Aber er bezahlte Sie doch jederzeit bar?

Luise *(aufmerksam)* Diese Frage verstehe ich nicht ganz.

1 wiederbeleben, aufwecken

Präsident *(mit beißendem Lachen)* Nicht? Nun! ich meine nur – Jedes Handwerk hat, wie man sagt, seinen goldenen Boden – auch Sie, hoff ich, wird Ihre Gunst nicht verschenkt haben – oder war's Ihr vielleicht mit dem bloßen Verschluss gedient[1]? Wie?

Ferdinand *(fährt wie rasend auf)* Hölle! was war das?

Luise *(zum Major mit Würde und Unwillen)* Herr von Walter, jetzt sind Sie frei.

Ferdinand Vater! Ehrfurcht befiehlt die Tugend auch im Bettlerkleid.

Präsident *(lacht lauter)* Eine lustige Zumutung! Der Vater soll die Hure des Sohns respektieren.

Luise *(stürzt nieder)* O Himmel und Erde!

Ferdinand *(mit Luisen zu gleicher Zeit, indem er den Degen nach dem Präsidenten zückt, den er aber schnell wieder sinken lässt)* Vater! Sie hatten einmal ein Leben an mich zu fodern – Es ist bezahlt. *(Den Degen einsteckend.)* Der Schuldbrief der kindlichen Pflicht liegt zerrissen da –

Miller *(der bis jetzt furchtsam auf der Seite gestanden, tritt hervor in Bewegung, wechselweis für[2] Wut mit den Zähnen knirschend, und für Angst damit klappernd)* Euer Exzellenz – Das Kind ist des Vaters Arbeit – Halten zu Gnaden – Wer das Kind eine Mähre schilt[3], schlägt den Vater ans Ohr, und Ohrfeig um Ohrfeig – Das ist so Tax[4] bei uns – Halten zu Gnaden.

1 *hier* abwertend für Geschlechtsverkehr
2 *hier* vor
3 als liederliches Weib beschimpft
4 Gebühr, Ordnung

Alliteration

Frau Hilf, Herr und Heiland! – Jetzt bricht auch der Alte los – über unserm Kopf wird das Wetter zusammenschlagen.

Präsident *(der es nur halb gehört hat)* Regt sich der Kuppler auch? – Wir sprechen uns gleich, Kuppler.

Miller Halten zu Gnaden. Ich heiße Miller, wenn Sie ein Adagio[1] hören wollen – mit Buhlschaften dien ich nicht. Solang der Hof da noch Vorrat hat, kommt die Lieferung nicht an uns Bürgersleut. Halten zu Gnaden.

Frau Um des Himmels willen, Mann! Du bringst Weib und Kind um.

Ferdinand Sie spielen hier eine Rolle, mein Vater, wobei Sie sich wenigstens die Zeugen hätten ersparen können.

Miller *(kommt ihm näher, herzhafter)* Teutsch und verständlich. Halten zu Gnaden. Euer Exzellenz schalten und walten im Land. D a s ist meine Stube. Mein devotestes[2] Kompliment, wenn ich dermaleins ein Promemoria[3] bringe, aber den ungehobelten Gast werf ich zur Tür hinaus – Halten zu Gnaden.

Präsident *(vor Wut blass)* Was? – Was ist d a s? *(Tritt ihm näher.)*

Anapher

Miller *(zieht sich sachte zurück)* Das war nur so meine Meinung, Herr – Halten zu Gnaden.

Präsident *(in Flammen)* Ha, Spitzbube! Ins Zuchthaus spricht dich deine vermessene Meinung – Fort! Man soll Gerichtsdiener holen. *(Einige vom Gefolg gehen ab; der*

1 langsames Musikstück
2 unterwürfig
3 (lat.) Bittgesuch

Präsident rennt voll Wut durch das Zimmer.) Vater ins Zuchthaus – an den Pranger Mutter und Metze[1] von Tochter! – Die Gerechtigkeit soll meiner Wut ihre Arme borgen. Für diesen Schimpf muss ich schreckliche Genugtuung haben – Ein solches Gesindel sollte meine Plane zerschlagen, und ungestraft Vater und Sohn aneinander hetzen? – Ha, Verfluchte! Ich will meinen Hass an eurem Untergang sättigen, die ganze Brut, Vater, Mutter und Tochter, will ich meiner brennenden Rache opfern.

Ferdinand *(tritt gelassen und standhaft unter sie hin)* O nicht doch! Seid außer Furcht! Ich bin zugegen. *(Zum Präsidenten mit Unterwürfigkeit.)* Keine Übereilung, mein Vater! Wenn Sie sich selbst lieben, keine Gewalttätigkeit – Es gibt eine Gegend in meinem Herzen, worin das Wort Vater noch nie gehört worden ist – Dringen Sie nicht bis in diese.

Präsident Nichtswürdiger! Schweig! Reize meinen Grimm nicht noch mehr.

Miller *(kommt aus einer dumpfen Betäubung zu sich selbst)* Schau du nach deinem Kinde, Frau. Ich laufe zum Herzog. Der Leibschneider – das hat mir Gott eingeblasen! – der Leibschneider lernt die Flöte bei mir. Es kann mir nicht fehlen beim Herzog. *(Er will gehen.)*

Präsident Beim Herzog, sagst du? – Hast du vergessen, dass ich die Schwelle bin, worüber du springen oder den Hals brechen musst? – Beim Herzog, du Dummkopf? – Versuch es, wenn du, lebendig tot, eine Turm-

1 Hure

höhe tief, unter dem Boden im Kerker liegst, wo die Nacht mit der Hölle liebäugelt, und Schall und Licht wieder umkehren, rassle dann mit deinen Ketten und wimmre: Mir ist zu viel geschehen!

SIEBENTE SZENE

GERICHTSDIENER. Die VORIGEN.

Ferdinand *(eilt auf Luisen zu, die ihm halb tot in den Arm fällt)* Luise! Hilfe! Rettung! Der Schrecken überwältigte sie.

Miller *(ergreift sein spanisches Rohr, setzt den Hut auf, und macht sich zum Angriff gefasst)*

Frau *(wirft sich auf die Knie vor den Präsidenten).*

Präsident *(zu den Gerichtsdienern, seinen Orden entblößend)* Legt Hand an im Namen des Herzogs – Weg von der Metze, Junge – Ohnmächtig oder nicht! – Wenn sie nur erst das eiserne Halsband um hat, wird man sie schon mit Steinwürfen aufwecken[1].

Frau Erbarmung, Ihro Exzellenz! Erbarmung! Erbarmung!

Miller *(reißt seine Frau in die Höhe)* Knie vor Gott, alte Heulhure, und nicht vor – – Schelmen, weil ich ja doch schon ins Zuchthaus muss.

Präsident *(beißt die Lippen)* Du kannst dich verrechnen, Bube. Es stehen noch Galgen leer. *(Zu den Gerichtsdienern.)* Muss ich es noch einmal sagen?

1 Straftäter wurden mit einer eisernen Kette an den Pranger gekettet und mit Steinen beworfen.

Gerichtsdiener *(dringen auf Luisen ein)*

Ferdinand *(springt an ihr auf und stellt sich vor sie, grimmig)* Wer will was? *(Er zieht den Degen samt der Scheide, und wehrt sich mit dem Gefäß[1].)* Wag es, sie anzurühren, wer nicht auch die Hirnschale an die Gerichte vermietet hat. *(Zum Präsidenten.)* Schonen Sie Ihrer selbst. Treiben Sie mich nicht weiter, mein Vater.

Präsident *(drohend zu den Gerichtsdienern)* Wenn euch euer Brot lieb ist, Memmen –

Gerichtsdiener *(greifen Luisen wieder an)*

Ferdinand Tod und alle Teufel! Ich sage: Zurück – Noch einmal. Haben Sie Erbarmen mit sich selbst. Treiben Sie mich nicht aufs Äußerste, Vater.

Präsident *(aufgebracht zu den Gerichtsdienern)* Ist das euer Diensteifer, Schurken?

Gerichtsdiener *(greifen hitziger an)*

Ferdinand Wenn es denn sein muss *(indem er den Degen zieht und einige von denselben verwundet)*, so verzeih mir, Gerechtigkeit!

Präsident *(voll Zorn)* Ich will doch sehen, ob auch ich diesen Degen fühle. *(Er fasst Luisen selbst, zerrt sie in die Höh und übergibt sie einem Gerichtsknecht.)*

Ferdinand *(lacht erbittert)* Vater, Vater, Sie machen hier ein beißendes Pasquill[2] auf die Gottheit, die sich so übel auf ihre Leute verstund und aus v o l l k o m m e n e n H e n k e r s k n e c h t e n s c h l e c h t e M i n i s t e r machte.

1 Griff des Degens
2 (ital.) Spottschrift

Präsident *(zu den Übrigen)* Fort mit ihr!

Ferdinand Vater, sie soll an den Pranger stehn, aber mit dem Major, des Präsidenten Sohn – Bestehen Sie noch darauf?

Präsident Desto possierlicher[1] wird das Spektakel – Fort!

Ferdinand Vater! ich werfe meinen Offiziersdegen auf das Mädchen – Bestehen Sie noch darauf?

Präsident Das Portepee[2] ist an deiner Seite des Prangerstehens gewohnt worden – Fort! Fort! Ihr wisst meinen Willen.

Ferdinand *(drückt einen Gerichtsdiener weg, fasst Luisen mit einem Arm, mit dem andern zückt er den Degen auf sie)* Vater! Eh Sie meine Gemahlin beschimpfen, durchstoß ich sie – Bestehen Sie noch darauf?

Präsident Tu es, wenn deine Klinge auch spitzig ist.

Ferdinand *(lässt Luisen fahren, und blickt fürchterlich zum Himmel)* Du Allmächtiger bist Zeuge! Kein menschliches Mittel ließ ich unversucht – ich muss zu einem teuflischen schreiten – Ihr führt sie zum Pranger fort, unterdessen *(zum Präsidenten ins Ohr rufend)* erzähl ich der Residenz eine Geschichte, wie man Präsident wird. *(Ab.)*

Präsident *(wie vom Blitz gerührt)* Was ist das? – Ferdinand – Lasst sie ledig[3]. *(Er eilt dem Major nach.)*

1 niedlich, *hier* belustigend
2 (franz.) Degenquaste, Zeichen der Offiziersehre
3 *hier* frei

Dritter Akt

ERSTE SZENE

Saal beim Präsidenten.

Der PRÄSIDENT *und Sekretär* WURM *kommen.*

Präsident Der Streich war verwünscht.

Wurm Wie ich befürchtete, gnädiger Herr. Zwang erbittert die Schwärmer immer, aber bekehrt sie nie.

Präsident Ich hatte mein bestes Vertrauen in diesen Anschlag gesetzt. Ich urteilte so: Wenn das Mädchen beschimpft wird, muss er, als Offizier, zurücktreten.

Wurm Ganz vortrefflich. Aber zum Beschimpfen hätt es auch kommen sollen.

Präsident Und doch – wenn ich es jetzt mit kaltem Blut überdenke – ich hätte mich nicht sollen eintreiben lassen. Es war eine Drohung, woraus er wohl nimmermehr Ernst gemacht hätte.

Wurm Das denken Sie ja nicht. Der gereizten Leidenschaft ist keine Torheit zu bunt. Sie sagen mir, der Herr Major habe immer den Kopf zu Ihrer Regierung geschüttelt. Ich glaub's. Die Grundsätze, die er aus Akademien hieherbrachte, wollten mir gleich nicht recht einleuchten. Was sollten auch die phantastischen Träumereien von Seelengröße und persönlichem Adel an einem Hof, wo die größte Weisheit diejenige ist, im rechten Tempo, auf eine geschickte Art, groß und klein zu sein. Er ist zu jung und zu feurig, um Geschmack am langsamen krummen Gang der Kabale zu finden, und nichts wird seine Ambition[1] in Bewegung setzen, als was groß ist und abenteuerlich.

Präsident *(verdrüsslich)* Aber was wird diese wohlweise Anmerkung an unserm Handel verbessern?

Wurm Sie wird Euer Exzellenz auf die Wunde hinweisen, und auch vielleicht auf den Verband. Einen solchen Charakter – erlauben Sie – hätte man entweder nie zum Vertrauten, oder niemals zum Feind machen sollen. Er verabscheut das Mittel, wodurch Sie gestiegen sind. Vielleicht war es bis jetzt nur der Sohn, der die Zunge des Verräters band. Geben Sie ihm Gelegenheit, jenen rechtmäßig abzuschütteln. Machen Sie ihn durch wiederholte Stürme auf seine Leidenschaft glauben, dass Sie der zärtliche Vater nicht sind, so dringen die Pflichten des Patrioten[2] bei ihm vor. Ja, schon allein die seltsame Phantasie, der Gerechtigkeit ein so merkwürdiges Opfer zu bringen, könnte Reiz genug für ihn haben, selbst seinen Vater zu stürzen.

Präsident Wurm – Wurm – Er führt mich da vor einen entsetzlichen Abgrund.

Wurm Ich will Sie zurückführen, gnädiger Herr. Darf ich freimütig reden?

Präsident *(indem er sich niedersetzt)* Wie ein Verdammter zum Mitverdammten.

1 Ehrgeiz
2 (griech.) Vaterlandsliebender

Wurm Also verzeihen Sie – Sie haben, dünkt mich, der biegsamen Hofkunst den ganzen Präsidenten zu danken, warum vertrauten Sie ihr nicht auch den Vater an? Ich besinne mich, mit welcher Offenheit Sie Ihren Vorgänger damals zu einer Partie Pikett[1] beredeten, und bei ihm die halbe Nacht mit freundschaftlichem Burgunder hinwegschwemmten, und das war doch die nämliche Nacht, wo die große Mine losgehen, und den guten Mann in die Luft blasen sollte – Warum zeigten Sie Ihrem Sohne den Feind? Nimmermehr hätte dieser erfahren sollen, dass ich um seine Liebesangelegenheit wisse. Sie hätten den Roman[2] von Seiten des Mädchens unterhöhlt, und das Herz Ihres Sohnes behalten. Sie hätten den klugen General gespielt, der den Feind nicht am Kern seiner Truppen fasst, sondern Spaltungen unter den Gliedern stiftet.

Präsident Wie war das zu machen?

Wurm Auf die einfachste Art – und die Karten sind noch nicht ganz vergeben. Unterdrücken Sie eine Zeitlang, dass Sie Vater sind. Messen Sie sich mit einer Leidenschaft nicht, die jeder Widerstand nur mächtiger machte – Überlassen Sie es mir, an ihrem eigenen Feuer den Wurm auszubrüten, der sie zerfrisst.

Präsident Ich bin begierig.

Wurm Ich müsste mich schlecht auf den Barometer der Seele verstehen, oder der Herr Major ist in der Eifersucht schrecklich, wie in der Liebe. Machen Sie ihm das

1 französisches Kartenspiel
2 *hier* Liebesverhältnis

Mädchen verdächtig – – Wahrscheinlich oder nicht. Ein Gran[1] Hefe reicht hin, die ganze Masse in eine zerstörende Gärung zu jagen.

Präsident Aber woher diesen Gran nehmen?

Wurm Da sind wir auf dem Punkt – Vor allen Dingen, gnädiger Herr, erklären Sie sich mir, wie viel Sie bei der fernern Weigerung des Majors auf dem Spiel haben – in welchem Grade es Ihnen wichtig ist, den Roman mit dem Bürgermädchen zu endigen, und die Verbindung mit Lady Milford zustand zu bringen?

Präsident Kann Er noch fragen, Wurm? – Mein ganzer Einfluss ist in Gefahr, wenn die Partie mit der Lady zurückgeht, und wenn ich den Major zwinge, mein Hals.

Wurm *(munter)* Jetzt haben Sie die Gnade und hören. – Den Herrn Major umspinnen wir mit List. Gegen das Mädchen nehmen wir Ihre ganze Gewalt zu Hilfe. Wir diktieren ihr ein Billetdoux[2] an eine dritte Person in die Feder, und spielen das mit guter Art dem Major in die Hände.

Präsident Toller Einfall! Als ob sie sich so geschwind hin bequemen würde, ihr eigenes Todesurteil zu schreiben?

Wurm Sie muss, wenn Sie mir freie Hand lassen wollen. Ich kenne das gute Herz auf und nieder. Sie hat nicht mehr als zwei tödliche Seiten, durch welche wir ihr Gewissen bestürmen können – ihren Vater und den Major. Der Letztere bleibt ganz und gar aus dem Spiel,

1 geringe Gewichtseinheit
2 (franz.) Liebesbrief

desto freier können wir mit dem Musikanten umspringen.

Präsident Als zum Exempel?

Wurm Nach dem, was Euer Exzellenz mir von dem Auftritt in seinem Hause gesagt haben, wird nichts leichter sein, als den Vater mit einem Halsprozess[1] zu bedrohen. Die Person des Günstlings und Siegelbewahrers[2] ist gewissermaßen der Schatten der Majestät – Beleidigungen gegen jenen sind Verletzungen dieser – Wenigstens will ich den armen Schächer[3] mit diesem zusammengeflickten Kobold durch ein Nadelöhr jagen.

Präsident Doch – ernsthaft dürfte der Handel nicht werden.

Wurm Ganz und gar nicht – nur insoweit als es nötig ist, die Familie in die Klemme zu treiben – Wir setzen also in aller Stille den Musikus fest – Die Not umso dringender zu machen, könnte man auch die Mutter mitnehmen, – sprechen von peinlicher Anklage[4], von Schafott[5], von ewiger Festung, und machen den Brief der Tochter zur einzigen Bedingnis seiner Befreiung.

Präsident Gut! Gut! Ich verstehe.

Wurm Sie liebt ihren Vater – bis zur Leidenschaft, möcht ich sagen. Die Gefahr seines Lebens – seiner Freiheit zum mindesten – Die Vorwürfe ihres Gewissens, den Anlass dazu gegeben zu haben – Die Unmöglichkeit,

1 Strafprozess auf Leben und Tod
2 Vertrauter des Fürsten, der das fürstliche Siegel unter Verschluss hat
3 Räuber
4 Anklage, auf die Strafe an Leib und Leben steht
5 bühnenartig errichteter Hinrichtungsort

den Major zu besitzen – endlich die Betäubung ihres Kopfs, die ich auf mich nehme – Es kann nicht fehlen – Sie muss in die Falle gehn.

Präsident Aber mein Sohn? Wird der nicht auf der Stelle Wind davon haben? Wird er nicht wütender werden?

Wurm Das lassen Sie meine Sorge sein, gnädiger Herr – Vater und Mutter werden nicht eher freigelassen, bis die ganze Familie einen körperlichen Eid darauf abgelegt, den ganzen Vorgang geheim zu halten und den Betrug zu bestätigen.

Präsident Einen Eid? Was wird ein Eid fruchten, Dummkopf?

Wurm Nicht bei uns, gnädiger Herr. Bei dieser Menschenart alles – Und sehen Sie nun, wie schön wir beide auf diese Manier zum Ziel kommen werden – Das Mädchen verliert die Liebe des Majors, und den Ruf ihrer Tugend. Vater und Mutter ziehen gelindere Saiten auf, und durch und durch weich gemacht von Schicksalen dieser Art, erkennen sie's noch zuletzt für Erbarmung, wenn ich der Tochter durch meine Hand ihre Reputation[1] wiedergebe.

Präsident *(lacht unter Kopfschütteln)* Ja! ich gebe mich dir überwunden, Schurke. Das Geweb ist satanisch fein. Der Schüler übertrifft seinen Meister – – Nun ist die Frage, an wen das Billet[2] muss gerichtet werden? Mit wem wir sie in Verdacht bringen müssen?

1 Ansehen, *hier* auch Ehre
2 Briefchen, kurzes Schreiben

Wurm Notwendig mit jemand, der durch den Entschluss Ihres Sohnes alles gewinnen oder alles verlieren muss.

Präsident *(nach einigem Nachdenken)* Ich weiß nur den Hofmarschall.

Wurm *(zuckt die Achseln)* Mein Geschmack wär er nun freilich nicht, wenn ich Luise Millerin hieße.

Präsident Und warum nicht? Wunderlich! Eine blendende Garderobe – eine Atmosphäre von Eau de mille fleurs[1] und Bisam – auf jedes alberne Wort eine Handvoll Dukaten[2] – und alles das sollte die Delikatesse einer bürgerlichen Dirne nicht endlich bestechen können? – O guter Freund. So skrupulös ist die Eifersucht nicht. Ich schicke zum Marschall. *(Klingelt.)*

Wurm Unterdessen, dass Euer Exzellenz dieses und die Gefangennehmung des Geigers besorgen, werd ich hingehen, und den bewussten Liebesbrief aufsetzen.

Präsident *(zum Schreibpult gehend)* Den Er mir zum Durchlesen heraufbringt, sobald er zustand sein wird. *(Wurm geht ab. Der Präsident setzt sich zu schreiben; ein Kammerdiener kommt; er steht auf, und gibt ihm ein Papier.)* Dieser Verhaftsbefehl muss ohne Aufschub in die Gerichte – ein andrer von euch wird den Hofmarschall zu mir bitten.

Kammerdiener Der gnädige Herr sind soeben hier angefahren.

1 (franz.) Wasser von tausend Blumen, Parfum
2 Deutsche Reichsmünze

Präsident Noch besser – Aber die Anstalten sollen mit Vorsicht getroffen werden, sagt Ihr, dass kein Aufstand erfolgt.

Kammerdiener Sehr wohl, Ihr' Exzellenz.

Präsident Versteht Ihr? Ganz in der Stille.

Kammerdiener Ganz gut, Ihr' Exzellenz. *(Ab.)*

ZWEITE SZENE

Der PRÄSIDENT und der HOFMARSCHALL.

Hofmarschall *(eilfertig)* Nur en passant[1], mein Bester – Wie leben Sie? Wie befinden Sie sich? – Heute Abend ist große Opéra Dido – das süperbeste Feuerwerk – eine ganze Stadt brennt zusammen[2] – Sie sehen sie doch auch brennen? Was?

Präsident Ich habe Feuerwerks genug in meinem eigenen Hause, das meine ganze Herrlichkeit in die Luft nimmt – Sie kommen erwünscht, lieber Marschall, mir in einer Sache zu raten, tätig zu helfen, die uns beide poussiert oder völlig zugrund richtet. Setzen Sie sich.

Hofmarschall Machen Sie mir nicht Angst, mein Süßer.

Präsident Wie gesagt – poussiert oder ganz zugrund richtet. Sie wissen mein Projekt mit dem Major und der Lady. Sie begreifen auch, wie unentbehrlich es war, unser beider Glück zu fixieren. Es kann alles zusammenfallen, Kalb. Mein Ferdinand will nicht.

1 beiläufig
2 In der Oper „Didone abbandonata" geht Karthago in Flammen auf.

Hofmarschall Will nicht – will nicht – ich hab's ja in der ganzen Stadt schon herumgesagt. Die Mariage ist ja in jedermanns Munde.

Präsident Sie können vor der ganzen Stadt als Windmacher dastehen. Er liebt eine andere.

Hofmarschall Sie scherzen. Ist das auch wohl ein Hindernis?

Präsident Bei dem Trotzkopf das unüberwindlichste.

Hofmarschall Er sollte so wahnsinnig sein, und sein Fortune[1] von sich stoßen? Was?

Präsident Fragen Sie ihn das und hören Sie, was er antwortet.

Hofmarschall Aber mon Dieu[2]! Was kann er denn antworten?

Präsident Dass er der ganzen Welt das Verbrechen entdecken wolle, wodurch wir gestiegen sind – dass er unsere falschen Briefe und Quittungen angeben – dass er uns beide ans Messer liefern wolle – Das kann er antworten.

Hofmarschall Sind Sie von Sinnen?

Präsident Das hat er geantwortet. Das war er schon willens ins Werk zu richten – Davon hab ich ihn kaum noch durch meine höchste Erniedrigung abgebracht. Was wissen Sie hierauf zu sagen?

Hofmarschall *(mit einem Schafsgesicht)* Mein Verstand steht still.

1 (franz.) Glück
2 (franz.) mein Gott

Präsident Das könnte noch hingehen. Aber zugleich hinterbringen mir meine Spionen, dass der Oberschenk[1] von Bock auf dem Sprunge sei, um die Lady zu werben.

Hofmarschall Sie machen mich rasend. Wer sagen Sie? Von Bock sagen Sie? – Wissen Sie denn auch, dass wir Todfeinde zusammen sind? Wissen Sie auch, warum wir es sind?

Präsident Das erste Wort, das ich höre.

Hofmarschall Bester! Sie werden hören und aus der Haut werden Sie fahren – Wenn Sie sich noch des Hofballs entsinnen – – es geht jetzt ins einundzwanzigste Jahr – wissen Sie, worauf man den ersten Englischen tanzte, und dem Grafen von Meerschaum das heiße Wachs von einem Kronleuchter auf den Domino[2] tröpfelte – Ach Gott, das müssen Sie freilich noch wissen!

Präsident Wer könnte so was vergessen?

Hofmarschall Sehen Sie! Da hatte Prinzessin Amalie in der Hitze des Tanzes ein Strumpfband verloren. – Alles kommt, wie begreiflich ist, in Alarm – von Bock und ich – wir waren noch Kammerjunker – wir kriechen durch den ganzen Redoutensaal[3], das Strumpfband zu suchen – endlich erblick ich's – von Bock merkt's – von Bock darauf zu – reißt es mir aus den Händen – ich bitte Sie! – bringt's der Prinzessin und schnappt mir glücklich das Kompliment weg – Was denken Sie?

Präsident Impertinent[4]!

1 hochrangiger Adeliger
2 schwarzer Kapuzenumhang
3 Saal, in dem höfische Maskenbälle stattfinden
4 (franz.) unverschämt, frech

Hofmarschall Schnappt mir das Kompliment weg – Ich meine in Ohnmacht zu sinken. Eine solche Malice[1] ist gar nicht erlebt worden. – Endlich ermann ich mich, nähere mich Ihrer Durchlaucht und spreche: Gnädigste Frau! von Bock war so glücklich, Höchstdenenselben das Strumpfband zu überreichen, aber wer das Strumpfband zuerst erblickte, belohnt sich in der Stille und schweigt.

Präsident Bravo, Marschall! Bravissimo!

Hofmarschall Und schweigt – Aber ich werd's dem von Bock bis zum Jüngsten Gericht noch nachtragen – der niederträchtige kriechende Schmeichler! – Und das war noch nicht genug – Wie wir beide zugleich auf das Strumpfband zu Boden fallen, wischt mir von Bock an der rechten Frisur allen Puder weg, und ich bin ruiniert auf den ganzen Ball.

Präsident Das ist der Mann, der die Milford heuraten, und die erste Person am Hof werden wird.

Hofmarschall Sie stoßen mir ein Messer ins Herz. Wird? Wird? Warum wird er? Wo ist die Notwendigkeit?

Präsident Weil mein Ferdinand nicht will, und sonst keiner sich meldet.

Hofmarschall Aber wissen Sie denn gar kein einziges Mittel, den Major zum Entschluss zu bringen? – – Sei's auch noch so bizarr! so verzweifelt! – Was in der Welt kann so widrig sein, das uns jetzt nicht willkommen wäre, den verhassten von Bock auszustechen?

Präsident Ich weiß nur e i n e s, und das bei Ihnen steht.

1 (franz.) Arglist, Bosheit

Hofmarschall Bei mir steht? Und das ist?

Präsident Den Major mit seiner Geliebten zu entzweien.

Hofmarschall Zu entzweien? Wie meinen Sie das? – und wie mach ich das?

Präsident Alles ist gewonnen, sobald wir ihm das Mädchen verdächtig machen.

Hofmarschall Dass sie stehle, meinen Sie?

Präsident Ach nein doch! Wie glaubte er das? – dass sie es noch mit einem andern habe.

Hofmarschall Dieser andre?

Präsident Müssten Sie sein, Baron.

Hofmarschall Ich sein? Ich? – Ist sie von Adel?

Präsident Wozu das? Welcher Einfall! – eines Musikanten Tochter.

Hofmarschall Bürgerlich also? Das wird nicht angehen. Was?

Präsident Was wird nicht angehen? Narrenspossen! Wem unter der Sonne wird es einfallen, ein paar runde Wangen nach dem Stammbaum zu fragen?

Hofmarschall Aber bedenken Sie doch, ein Ehmann! Und meine Reputation bei Hofe!

Präsident Das ist was anders. Verzeihen Sie. Ich hab das noch nicht gewusst, dass Ihnen der Mann von unbescholtenen Sitten mehr ist als der von Einfluss. Wollen wir abbrechen?

Hofmarschall Seien Sie klug, Baron. Es war ja nicht so verstanden.

Präsident *(frostig)* Nein – nein! Sie haben vollkommen Recht. Ich bin es auch müde. Ich lasse den Karren stehen. Dem von Bock wünsch ich Glück zum Premierminister. Die Welt ist noch anderswo. Ich fodre meine Entlassung vom Herzog.

Hofmarschall Und ich? – Sie haben gut schwatzen, Sie! Sie sind ein Stuttierter[1]! Aber ich? – Mon Dieu! Was bin dann ich, wenn mich Seine Durchleucht entlassen?

Präsident Ein Bonmot[2] von vorgestern. Die Mode vom vorigen Jahr.

Hofmarschall Ich beschwöre Sie, Teurer, Goldner! – Ersticken Sie diesen Gedanken! Ich will mir ja alles gefallen lassen.

Präsident Wollen Sie Ihren Namen zu einem Rendezvous hergeben, den Ihnen diese Millerin schriftlich vorschlagen soll?

Hofmarschall Im Namen Gottes! Ich will ihn hergeben.

Präsident Und den Brief irgendwo herausfallen lassen, wo er dem Major zu Gesicht kommen muss?

Hofmarschall Zum Exempel auf der Parade will ich ihn als von ohngefähr, mit dem Schnupftuch herausschleudern?

Präsident Und die Rolle ihres Liebhabers gegen den Major behaupten?

Hofmarschall Mort de ma vie[1]! Ich will ihn schon waschen! Ich will dem Naseweis den Appetit nach meinen Amouren verleiden.

1 Studierter, Akademiker
2 (franz.) geistreiche, witzige Bemerkung

Präsident Nun geht's nach Wunsch. Der Brief muss noch heute geschrieben sein. Sie müssen vor Abend noch herkommen, ihn abzuholen, und Ihre Rolle mit mir zu berichtigen.

Hofmarschall Sobald ich sechszehn Visiten werde gegeben haben, die von allerhöchster Importance sind. Verzeihen Sie also, wenn ich mich ohne Aufschub beurlaube. *(Geht.)*

Präsident *(klingelt)* Ich zähle auf Ihre Verschlagenheit, Marschall.

Hofmarschall *(ruft zurück):* Ah mon Dieu! Sie kennen mich ja.

DRITTE SZENE

Der PRÄSIDENT *und* WURM.

Wurm Der Geiger und seine Frau sind glücklich und ohne alles Geräusch in Verhaft gebracht. Wollen Euer Exzellenz jetzt den Brief überlesen?

Präsident *(nachdem er gelesen)* Herrlich! Herrlich, Sekretär! Auch der Marschall hat angebissen! – Ein Gift, wie das, müsste die Gesundheit selbst in eiternden Aussatz verwandeln – Nun gleich mit den Vorschlägen zum Vater, und dann warm zu der Tochter. *(Gehen ab zu verschiedenen Seiten.)*

---

1 (franz.) Tod meines Lebens, *hier* bei meinem Leben

VIERTE SZENE

Zimmer in Millers Wohnung.

LUISE und FERDINAND.

Luise Ich bitte dich, höre auf. Ich glaube an keine glückliche Tage mehr. Alle meine Hoffnungen sind gesunken.

Ferdinand So sind die meinigen gestiegen. Mein Vater ist aufgereizt. Mein Vater wird alle Geschütze gegen uns richten. Er wird mich zwingen, den unmenschlichen Sohn zu machen. Ich stehe nicht mehr für meine kindliche Pflicht. Wut und Verzweiflung werden mir das schwarze Geheimnis seiner Mordtat erpressen. Der Sohn wird den Vater in die Hände des Henkers liefern – Es ist die höchste Gefahr – – und die höchste Gefahr musste da sein, wenn meine Liebe den Riesensprung wagen sollte. – – Höre, Luise, – ein Gedanke, groß und vermessen wie meine Leidenschaft, drängt sich vor meine Seele, – du, Luise, und ich und die Liebe! – Liegt nicht in diesem Zirkel der ganze Himmel? oder brauchst du noch etwas Viertes dazu?

Luise Brich ab. Nichts mehr. Ich erblasse über das, was du sagen willst.

Ferdinand Haben wir an die Welt keine Foderung mehr, warum denn ihren Beifall erbetteln? Warum wagen, wo nichts gewonnen wird und alles verloren werden kann? – Wird dieses Aug nicht ebenso schmelzend funkeln, ob es im Rhein oder in der Elbe sich spiegelt oder im Baltischen Meer? Mein Vaterland ist, wo mich Luise liebt. Deine Fußtapfe in wilden sandigten Wüsten mir interessanter, als das Münster in meiner Heimat – Werden wir die Pracht der Städte vermissen? Wo wir sein mögen, Luise, geht eine Sonne auf, eine unter – Schauspiele, neben welchen der üppigste Schwung der Künste verblasst. Werden wir Gott in keinem Tempel mehr dienen, so ziehet die Nacht mit begeisternden Schauern auf, der wechselnde Mond predigt uns Buße, und eine andächtige Kirche[1] von Sternen betet mit uns. Werden wir uns in Gesprächen der Liebe erschöpfen? – Ein Lächeln meiner Luise ist Stoff für Jahrhunderte, und der Traum des Lebens ist aus, bis ich diese Träne ergründe.

Luise Und hättest du sonst keine Pflicht mehr, als deine Liebe?

Ferdinand *(sie umarmend)* Deine Ruhe ist meine heiligste.

Luise *(sehr ernsthaft)* So schweig und verlass mich – Ich habe einen Vater, der kein Vermögen hat, als diese einzige Tochter – der morgen sechzig alt wird – der der Rache des Präsidenten gewiss ist. –

Ferdinand *(fällt rasch ein)* Der uns begleiten wird. Darum keinen Einwurf mehr, Liebe. Ich gehe, mache meine Kostbarkeiten zu Geld, erhebe Summen auf meinen Vater. Es ist erlaubt einen Räuber zu plündern, und sind seine Schätze nicht Blutgeld des Vaterlands? – Schlag ein Uhr um Mitternacht wird ein Wagen hier anfahren. Ihr werft euch hinein. Wir fliehen.

1 *hier* Gemeinschaft

Luise Und der Fluch deines Vaters uns nach? – ein Fluch, Unbesonnener, den auch Mörder nie ohne Erhörung aussprechen, den die Rache des Himmels auch dem Dieb auf dem Rade hält[1], der uns Flüchtlinge, unbarmherzig, wie ein Gespenst, von Meer zu Meer jagen würde? – Nein, mein Geliebter! Wenn nur ein Frevel dich mir erhalten kann, so hab ich noch Stärke, dich zu verlieren.

Ferdinand *(steht still und murmelt düster)* Wirklich?

Luise V e r l i e r e n ! – O ohne Grenzen entsetzlich ist der Gedanke – Grässlich genug, den unsterblichen Geist zu durchbohren, und die glühende Wange der Freude zu bleichen – Ferdinand! dich zu verlieren! – Doch! Man verliert ja nur, was man besessen hat, und dein Herz gehört deinem Stande – Mein Anspruch war Kirchenraub, und schaudernd geb ich ihn auf.

Ferdinand *(das Gesicht verzerrt, und an der Unterlippe nagend)* Gibst du ihn auf.

Luise Nein! Sieh mich an, lieber Walter. Nicht so bitter die Zähne geknirscht. Komm! Lass mich jetzt deinen sterbenden Mut durch mein Beispiel beleben. Lass mich die Heldin dieses Augenblicks sein – einem Vater den entflohenen Sohn wiederschenken – einem Bündnis entsagen, das die Fugen der Bürgerwelt auseinandertreiben und die allgemeine ewige Ordnung zugrund stürzen würde – I c h bin die Verbrecherin – mit frechen törichten Wünschen hat sich mein Busen getragen – mein Unglück ist meine S t r a f e, so lass mir doch jetzt die

1 Folterstrafe, bei der das Opfer auf ein Wagenrad gespannt wird

süße schmeichelnde Täuschung, dass es mein Opfer war – Wirst du mir diese Wollust missgönnen?

Ferdinand *(hat in der Zerstreuung und Wut eine Violine ergriffen, und auf derselben zu spielen versucht – Jetzt zerreißt er die Saiten, zerschmettert das Instrument auf dem Boden, und bricht in ein lautes Gelächter aus)*

Luise Walter! Gott im Himmel! Was soll das? – Ermanne dich. Fassung verlangt diese Stunde – es ist eine trennende. Du hast ein Herz, lieber Walter. Ich kenne es. Warm wie das Leben ist deine Liebe, und ohne Schranken, wie's Unermessliche – Schenke sie einer Edeln und Würdigern – sie wird die Glücklichsten ihres Geschlechts nicht beneiden – – *(Tränen unterdrückend.)* mich sollst du nicht mehr sehn – Das eitle betrogene Mädchen verweine seinen Gram in einsamen Mauren, um seine Tränen wird sich niemand bekümmern – Leer und erstorben ist meine Zukunft – Doch werd ich noch je und je am verwelkten Strauß der Vergangenheit riechen. *(Indem sie ihm mit abgewandten Gesicht ihre zitternde Hand gibt.)* Leben Sie wohl, Herr von Walter.

Ferdinand *(springt aus seiner Betäubung auf)* Ich entfliehe, Luise. Wirst du mir wirklich nicht folgen?

Luise *(hat sich im Hintergrund des Zimmers niedergesetzt, und hält das Gesicht mit beiden Händen bedeckt)* Meine Pflicht heißt mich bleiben und dulden.

Ferdinand Schlange, du lügst. Dich fesselt was anders hier.

Luise *(im Ton des tiefsten inwendigen Leidens)* Bleiben Sie bei dieser Vermutung – sie macht vielleicht weniger elend.

Ferdinand Kalte Pflicht gegen feurige Liebe! – Und mich soll das Märchen blenden? – Ein Liebhaber fesselt dich, und Weh über dich und ihn, wenn mein Verdacht sich bestätigt. *(Geht schnell ab.)*

FÜNFTE SZENE

LUISE allein.
Sie bleibt noch eine Zeitlang ohne Bewegung und stumm in dem Sessel liegen, endlich steht sie auf, kommt vorwärts, und sieht furchtsam herum.

Luise Wo meine Eltern bleiben? – Mein Vater versprach in wenigen Minuten zurück zu sein, und schon sind fünf volle fürchterliche Stunden vorüber – Wenn ihm ein Unfall – Wie wird mir? – Warum geht mein Odem[1] so ängstlich?

(Jetzt tritt Wurm in das Zimmer, und bleibt im Hintergrund stehen, ohne von ihr bemerkt zu werden.)

Es ist nichts Wirkliches – Es ist nichts als das schaudernde Gaukelspiel des erhitzten Geblüts – Hat unsre Seele nur einmal Entsetzen genug in sich getrunken, so wird das Aug in jedem Winkel Gespenster sehn.

1 Atem

SECHSTE SZENE

Luise und Sekretär Wurm.

Wurm *(kommt näher)* Guten Abend, Jungfer.

Luise Gott! Wer spricht da? *(Sie dreht sich um, wird den Sekretär gewahr, und tritt erschrocken zurück.)* Schrecklich! Schrecklich! Meiner ängstlichen Ahndung eilt schon die unglückseligste Erfüllung nach! *(Zum Sekretär mit einem Blick voll Verachtung.)* Suchen Sie etwa den Präsidenten? Er ist nicht mehr da.

Wurm Jungfer, ich suche Sie.

Luise So muss ich mich wundern, dass Sie nicht nach dem Marktplatz gingen.

Wurm Warum eben dahin?

Luise Ihre Braut von der Schandbühne abzuholen.

Wurm Mamsell Millerin, Sie haben einen falschen Verdacht –

Luise *(unterdrückt eine Antwort)* Was steht Ihnen zu Diensten?

Wurm Ich komme, geschickt von Ihrem Vater.

Luise *(bestürzt)* Von meinem Vater? – Wo ist mein Vater?

Wurm Wo er nicht gern ist.

Luise Um Gottes willen! Geschwind! Mich befällt eine üble Ahndung – Wo ist mein Vater?

Wurm Im Turm, wenn Sie es ja wissen wollen.

Luise *(mit einem Blick zum Himmel)* Das noch! das auch noch! – – Im Turm? warum im Turm?

Wurm Auf Befehl des Herzogs.

Luise Des Herzogs?

Wurm Der die Verletzung der Majestät in der Person seines Stellvertreters –

Luise Was? Was? O ewige Allmacht!

Wurm Auffallend zu ahnden beschlossen hat.

Luise Das war noch übrig! Das! – freilich, freilich, mein Herz hatte noch außer dem Major etwas Teures – Das durfte nicht übergangen werden – Verletzung der Majestät – Himmlische Vorsicht[1]! Rette, o rette meinen sinkenden Glauben! – Und Ferdinand?

Wurm Wählt Lady Milford oder Fluch und Enterbung.

Luise Entsetzliche Freiheit! – und doch – doch ist er glücklicher. Er hat keinen Vater zu verlieren. Zwar keinen haben, ist Verdammnis genug! – Mein Vater auf Verletzung der Majestät – mein Geliebter die Lady oder Fluch und Enterbung – Wahrlich bewundernswert! Eine vollkommene Büberei[2] ist auch eine Vollkommenheit – Vollkommenheit? Nein! dazu fehlte noch etwas – – Wo ist meine Mutter?

Wurm Im Spinnhaus[3].

Luise *(mit schmerzvollem Lächeln)* Jetzt ist es völlig! – völlig, und jetzt wär ich ja frei – Abgeschält von allen Pflichten – und Tränen – und Freuden. Abgeschält von

1 *hier* Vorsehung
2 Übeltat
3 Zuchthaus

der Vorsicht. Ich brauch sie ja nicht mehr – *(Schreckliches Stillschweigen.)* Haben Sie vielleicht noch eine Zeitung? Reden Sie immerhin. Jetzt kann ich alles hören.

Wurm Was geschehen ist, wissen Sie.

Luise Also nicht, was noch kommen wird? *(Wiederum Pause, worin sie den Sekretär von oben bis unten ansieht.)* Armer Mensch! Du treibst ein trauriges Handwerk, wobei du ohnmöglich selig werden kannst. Unglückliche machen ist schon schrecklich genug, aber grässlich ist's, es ihnen verkündigen – Ihn vorzusingen, den Eulengesang[1], dabeizustehn, wenn das blutende Herz am eisernen Schaft der Notwendigkeit zittert, und Christen an Gott zweifeln. – Der Himmel bewahre mich! und würde dir jeder Angsttropfe, den du fallen siehst, mit einer Tonne Golds aufgewogen – ich möchte nicht du sein – – Was kann noch geschehen?

Wurm Ich weiß nicht.

Luise Sie wollen nicht wissen? – Diese lichtscheue Botschaft fürchtet das Geräusch der Worte, aber in der Grabstille Ihres Gesichts zeigt sich mir das Gespenst – Was ist noch übrig – Sie sagten vorhin, der Herzog wolle es auffallend ahnden? Was nennen Sie auffallend?

Wurm Fragen Sie nichts mehr.

Luise Höre, Mensch! Du gingst beim Henker zur Schule. Wie verstündest du sonst, das Eisen erst langsambedächtlich an den knirschenden Gelenken hinaufzuführen, und das zuckende Herz mit dem Streich der Erbarmung zu necken? – Welches Schicksal wartet auf

1 Nach altem Volksglauben verheißt der Ruf der Eule Unglück

meinen Vater? – Es ist Tod in dem, was du lachend sagst, wie mag das aussehen, was du an dich hältst? Sprich es aus. Lass mich sie auf einmal haben die ganze zermalmende Ladung. Was wartet auf meinen Vater?

Wurm Ein Kriminalprozess.

Luise Was ist aber das? – Ich bin ein unwissendes unschuldiges Ding, verstehe mich wenig auf eure fürchterliche lateinische Wörter. Was heißt Kriminalprozess?

Wurm Gericht um Leben und Tod.

Luise *(standhaft)* So dank ich Ihnen! *(Sie eilt schnell in ein Seitenzimmer.)*

Wurm *(steht betroffen da)* Wo will das hinaus? Sollte die Närrin etwa? – Teufel! sie wird doch nicht – Ich eile nach – ich muss für ihr Leben bürgen. *(Im Begriff ihr zu folgen.)*

Luise *(kommt zurück, einen Mantel umgeworfen)* Verzeihen Sie, Sekretär. Ich schließe das Zimmer.

Wurm Und wohin denn so eilig?

Luise Zum Herzog. *(Will fort.)*

Wurm Was? W o h i n? *(Er hält sie erschrocken zurück.)*

Luise Zum Herzog. Hören Sie nicht? Zu eben dem Herzog, der meinen Vater auf Tod und Leben will richten lassen – Nein! Nicht will – m u s s richten lassen, weil einige Böswichter wollen; der zu dem ganzen Prozess der beleidigten Majestät nichts hergibt, als eine Majestät und seine fürstliche Handschrift.

Wurm *(lacht überlaut)* Zum Herzog!

Luise Ich weiß, worüber Sie lachen – aber ich will ja auch kein Erbarmen dort finden – Gott bewahre mich! nur Ekel – Ekel nur an meinem Geschrei. Man hat mir gesagt, dass die Großen der Welt noch nicht belehrt sind, was E l e n d ist – nicht wollen belehrt sein. Ich will ihm sagen was Elend ist – will es ihm vormalen in allen Verzerrungen des Todes, was Elend ist – will es ihm vorheulen in Mark und Bein zermalmenden Tönen, was Elend ist – und wenn ihm jetzt über der Beschreibung die Haare zu Berge fliegen, will ich ihm noch zum Schluss in die Ohren schrein, dass in der Sterbestunde auch die Lungen der Erdengötter zu röcheln anfangen, und das Jüngste Gericht Majestäten und Bettler in dem nämlichen Siebe rüttle. *(Sie will gehen.)*

Wurm *(boshaft freundlich)* Gehen Sie, o gehen Sie ja. Sie können wahrlich nichts Klügeres tun. Ich rate es Ihnen, gehen Sie, und ich gebe Ihnen mein Wort, dass der Herzog willfahren[1] wird.

Luise *(steht plötzlich still)* Wie sagen Sie? – Sie raten mir selbst dazu? *(Kommt schnell zurück.)* Hm! Was will ich denn? Etwas Abscheuliches muss es sein, weil dieser Mensch dazu ratet – Woher wissen Sie, dass der Fürst mir willfahren wird?

Wurm Weil er es nicht wird u m s o n s t tun dürfen.

Luise Nicht umsonst? Welchen Preis kann er auf eine Menschlichkeit setzen?

Wurm Die schöne Supplikantin[2] ist Preises genug.

1 den Willen lassen, gewähren lassen
2 (lat.) Bittstellerin

Luise *(bleibt erstarrt stehn, dann mit brechendem Laut)* Allgerechter!

Wurm Und einen Vater werden Sie doch, will ich hoffen, um diese gnädige Taxe nicht überfodert finden?

Luise *(auf und ab, außer Fassung)* Ja! Ja! Es ist wahr. Sie sind verschanzt eure Großen – verschanzt vor der Wahrheit hinter ihre eigene Laster, wie hinter Schwerter der Cherubim[1] – Helfe dir der Allmächtige, Vater. Deine Tochter kann für dich sterben, aber nicht sündigen.

Wurm Das mag ihm wohl eine Neuigkeit sein, dem armen verlassenen Mann – „Meine Luise", sagte er mir, „hat mich zu Boden geworfen. Meine Luise wird mich auch aufrichten" – Ich eile, Mamsell, ihm die Antwort zu bringen. *(Stellt sich, als ob er ginge.)*

Luise *(eilt ihm nach, hält ihn zurück)* Bleiben Sie! Bleiben Sie! Geduld! – Wie flink dieser Satan ist, wenn es gilt, Menschen rasend zu machen! – Ich hab ihn niedergeworfen. Ich muss ihn aufrichten. Reden Sie! Raten Sie! Was kann ich? Was muss ich tun?

Wurm Es ist nur ein Mittel.

Luise Dieses einzige Mittel?

Wurm Auch Ihr Vater wünscht –

Luise Auch mein Vater? – Was ist das für ein Mittel?

Wurm Es ist Ihnen leicht.

Luise Ich kenne nichts Schwerers als die Schande.

Wurm Wenn Sie den Major wieder frei machen wollen?

1 (hebr.) engelartige Wesen, die das Paradies bewachen

Luise Von seiner Liebe? Spotten Sie meiner? – Das meiner Willkür zu überlassen, wozu ich gezwungen ward?

Wurm So ist es nicht gemeint, liebe Jungfer. Der Major muss zuerst und freiwillig zurücktreten.

Luise Er wird nicht.

Wurm So scheint es. Würde man denn wohl seine Zuflucht zu Ihnen nehmen, wenn nicht Sie allein dazu helfen könnten?

Luise Kann ich ihn zwingen, dass er mich hassen muss?

Wurm Wir wollen versuchen. Setzen Sie sich.

Luise *(betreten)* Mensch! Was brütest du?

Wurm Setzen Sie sich. Schreiben Sie! Hier ist Feder, Papier und Dinte.

Luise *(setzt sich in höchster Beunruhigung)* Was soll ich schreiben? An wen soll ich schreiben?

Wurm An den Henker Ihres Vaters.

Luise Ha! du verstehst dich darauf, Seelen auf die Folter zu schrauben. *(Ergreift eine Feder.)*

Wurm *(diktiert)* „Gnädiger Herr“ –

Luise *(schreibt mit zitternder Hand)*

Wurm „Schon drei unerträgliche Tage sind vorüber – – sind vorüber – und wir sahen uns nicht.“

Luise *(stutzt, legt die Feder weg)* An wen ist der Brief?

Wurm An den Henker ihres Vaters.

Luise O mein Gott!

Wurm „Halten Sie sich deswegen an den Major – an den Major – der mich den ganzen Tag wie ein Argus hütet[1]."

Luise *(springt auf)* Büberei, wie noch keine erhört worden! An wen ist der Brief?

Wurm An den Henker Ihres Vaters.

Luise *(die Hände ringend auf und nieder)* Nein! Nein! Nein! Das ist tyrannisch, o Himmel! Strafe Menschen menschlich, wenn sie dich reizen, aber warum mich zwischen zwei Schröcknisse pressen? Warum zwischen Tod und Schande mich hin und her wiegen? Warum diesen blutsaugenden Teufel mir auf den Nacken setzen? – Macht was ihr wollt. Ich schreibe das nimmermehr.

Wurm *(greift nach dem Hut)* Wie Sie wollen, Mademoiselle. Das steht ganz in Ihrem Belieben.

Luise B e l i e b e n, sagen Sie? In meinem Belieben? – Geh, Barbar! hänge einen Unglücklichen über dem Abgrund der Hölle aus, bitt ihn um etwas, und lästre Gott, und frag ihn, ob's ihm b e l i e b e? – O du weißt allzu gut, dass unser Herz an natürlichen Trieben so fest als an Ketten liegt – Nunmehr ist alles gleich. Diktieren Sie weiter. Ich denke nichts mehr. Ich weiche der überlistenden Hölle. *(Sie setzt sich zum zweiten Mal.)*

Wurm „Den ganzen Tag wie ein Argus hütet." – Haben Sie das?

Luise Weiter! Weiter!

Wurm „Wir haben gestern den Präsidenten im Haus gehabt. Es war possierlich zu sehen, wie der gute Major um meine Ehre sich wehrte."

1 mit Argusaugen beobachten, *hier* misstrauisch bewachen

Luise O schön, schön! o herrlich! – Nur immer fort.

Wurm „Ich nahm Zuflucht zu einer Ohnmacht – zu einer Ohnmacht – dass ich nicht laut lachte."

Luise O Himmel!

Wurm „Aber bald wird mir meine Maske unerträglich – unerträglich – Wenn ich nur loskommen könnte – "

Luise *(hält inne, steht auf, geht auf und nieder, den Kopf gesenkt, als suchte sie was auf dem Boden; dann setzt sie sich wiederum, schreibt weiter)* „Loskommen könnte."

Wurm „Morgen hat er den Dienst – Passen Sie ab, wenn er von mir geht, und kommen an den bewussten Ort" – Haben Sie „bewussten"?

Luise Ich habe alles.

Wurm „An den bewussten Ort zu Ihrer zärtlichen… Luise."

Luise Nun fehlt die Adresse noch.

Wurm „An Herrn Hofmarschall von Kalb."

Luise Ewige Vorsicht! ein Name, so fremd meinen Ohren, als meinem Herzen diese schändlichen Zeilen. *(Sie steht auf, und betrachtet eine große Pause lang mit starrem Blick das Geschriebene, endlich reicht sie es dem Sekretär, mit erschöpfter hinsterbender Stimme.)* Nehmen Sie, mein Herr. Es ist mein ehrlicher Name – es ist Ferdinand – ist die ganze Wonne meines Lebens, was ich jetzt in Ihre Hände gebe – Ich bin eine Bettlerin!

Wurm O nein doch! Verzagen Sie nicht, liebe Mademoiselle. Ich habe herzliches Mitleid mit Ihnen. Vielleicht – wer weiß? – Ich könnte mich noch wohl über gewisse

Dinge hinwegsetzen – Wahrlich! Bei Gott! Ich habe Mitleid mit Ihnen.

Luise *(blickt ihn starr und durchdringend an)* Reden Sie nicht aus, mein Herr. Sie sind auf dem Wege, sich etwas Entsetzliches zu wünschen.

Wurm *(im Begriff, ihre Hand zu küssen)* Gesetzt, es wäre diese niedliche Hand – Wieso, liebe Jungfer?

Luise *(groß und schrecklich)* Weil ich dich in der Brautnacht erdrosselte, und mich dann mit Wollust aufs Rad flechten[1] ließe. *(Sie will gehen, kommt aber schnell zurück.)* Sind wir jetzt fertig, mein Herr? Darf die Taube nun fliegen?

Wurm Nur noch die Kleinigkeit, Jungfer. Sie müssen mit mir, und das Sakrament darauf nehmen[2], diesen Brief für einen freiwilligen zu erkennen.

Luise Gott! Gott! und du selbst musst das Siegel geben, die Werke der Hölle zu verwahren? *(Wurm zieht sie fort.)*

1 rädern, foltern
2 bei Gott schwören

Vierter Akt

ERSTE SZENE

Saal beim Präsidenten.

FERDINAND VON WALTER, einen offenen Brief in der Hand, kommt stürmisch durch eine Türe, durch eine andre ein KAMMERDIENER.

Ferdinand War kein Marschall da?

Kammerdiener Herr Major, der Herr Präsident fragen nach Ihnen.

Ferdinand Alle Donner! Ich frag, war kein Marschall da?

Kammerdiener Der gnädige Herr sitzen oben am Pharotisch[1].

Ferdinand Der gnädige Herr soll im Namen der ganzen Hölle daherkommen. *(Kammerdiener geht.)*

ZWEITE SZENE

FERDINAND allein, den Brief durchfliegend, bald erstarrend, bald wütend herumstürzend.

Ferdinand Es ist nicht möglich. Nicht möglich. Diese himmlische Hülle versteckt kein so teuflisches Herz – –

1 Pharo: Glücksspiel

Und doch! doch! Wenn alle Engel herunterstiegen, für ihre Unschuld bürgten – wenn Himmel und Erde, wenn Schöpfung und Schöpfer zusammenträten, für ihre Unschuld bürgten – es ist ihre Hand – ein unerhörter ungeheurer Betrug, wie die Menschheit noch keinen erlebte! – Das also war's, warum man sich so beharrlich der Flucht widersetzte! – Darum – o Gott! jetzt erwach ich, jetzt enthüllt sich mir alles! – Darum gab man seinen Anspruch auf meine Liebe mit so viel Heldenmut auf, und bald, bald hätte selbst mich die himmlische Schminke betrogen! *(Er stürzt rascher durchs Zimmer, dann steht er wieder nachdenkend still.)* Mich so ganz zu ergründen! – Jedes kühne Gefühl, jede leise schüchterne Bebung zu erwidern, jede feurige Wallung – An der feinsten Unbeschreiblichkeit eines schwebenden Lauts meine Seele zu fassen – Mich zu berechnen in einer Träne – Auf jeden gähen[1] Gipfel der Leidenschaft mich zu begleiten, mir zu begegnen vor jedem schwindelnden Absturz – Gott! Gott! und alles das nichts als Grimasse? – Grimasse? – O wenn die Lüge eine so haltbare Farbe hat, wie ging es zu, dass sich kein Teufel noch in das Himmelreich hineinlog?

Da ich ihr die Gefahr unsrer Liebe entdeckte, mit welch überzeugender Täuschung erblasste die Falsche da! Mit welch siegender Würde schlug sie den frechen Hohn meines Vaters zu Boden, und in ebendem Augenblick fühlte das Weib sich doch schuldig – Was? hielt sie nicht selbst die Feuerprobe der Wahrheit aus – die Heuchlerin sinkt in Ohnmacht. Welche Sprache wirst

1 abschüssigen

du jetzt führen, Empfindung? Auch Koketten[1] sinken in Ohnmacht. Womit wirst du dich rechtfertigen, Unschuld – Auch Metzen sinken in Ohnmacht.

Sie weiß, was sie aus mir gemacht hat. Sie hat meine ganze Seele gesehn. Mein Herz trat beim Erröten des ersten Kusses sichtbar in meine Augen – und sie empfand nichts? Empfand vielleicht nur den Triumph ihrer Kunst? – Da mein glücklicher Wahnsinn den ganzen Himmel in ihr zu umspannen wähnte? Meine wildesten Wünsche schwiegen? Vor meinem Gemüt stand kein Gedanke als die Ewigkeit und das Mädchen – Gott! da empfand sie nichts? Fühlte nichts, als ihren Anschlag gelungen? Nichts, als ihre Reize geschmeichelt? Tod und Rache! Nichts, als dass ich betrogen sei?

DRITTE SZENE

Der HOFMARSCHALL *und* FERDINAND.

Hofmarschall *(ins Zimmer trippelnd)* Sie haben den Wunsch blicken lassen, mein Bester –

Ferdinand *(vor sich hinmurmelnd)* Einem Schurken den Hals zu brechen. *(Laut.)* Marschall, dieser Brief muss Ihnen bei der Parade aus der Tasche gefallen sein – und ich *(mit boshaftem Lachen)* war zum Glück noch der Finder.

Hofmarschall Sie?

1 (franz.) Verführerin

Ferdinand Durch den lustigsten Zufall. Machen Sie's mit der Allmacht aus.

Hofmarschall Sie sehen, wie ich erschrecke, Baron.

Ferdinand Lesen Sie! Lesen Sie! *(Von ihm weggehend.)* Bin ich auch schon zum Liebhaber zu schlecht, vielleicht lass ich mich desto besser als Kuppler an. *(Während dass jener liest, tritt er zur Wand und nimmt zwei Pistolen herunter.)*

Hofmarschall *(wirft den Brief auf den Tisch und will sich davonmachen)* Verflucht!

Ferdinand *(führt ihn am Arm zurück)* Geduld, lieber Marschall. Die Zeitungen dünken mich angenehm. Ich will meinen Finderlohn haben. *(Hier zeigt er ihm die Pistolen.)*

Hofmarschall *(tritt bestürzt zurück)* Sie werden vernünftig sein, Bester.

Ferdinand *(mit starker, schrecklicher Stimme)* Mehr als zu viel, um einen Schelmen, wie du bist, in jene Welt zu schicken! *(Er dringt ihm die eine Pistole auf, zugleich zieht er sein Schnupftuch.)* Nehmen Sie! Dieses Schnupftuch da fassen Sie! – Ich hab's von der Buhlerin.

Hofmarschall Über dem Schnupftuch[1]? Rasen Sie? Wohin denken Sie?

Ferdinand Fass dieses End an, sag ich. Sonst wirst du ja fehlschießen, Memme! – Wie sie zittert, die Memme! Du solltest Gott danken, Memme, dass du zum ersten Mal etwas in deinen Hirnkasten kriegst. *(Hofmarschall*

1 Duell aus kürzester Distanz

macht sich auf die Beine.) Sachte! Dafür wird gebeten sein. *(Er überholt ihn, und riegelt die Türe.)*

Hofmarschall Auf dem Zimmer, Baron?

Ferdinand Als ob sich mit dir ein Gang vor den Wall verlohnte? – Schatz, so knallt's desto lauter, und das ist ja doch wohl das e r s t e Geräusch, das du in der Welt machst – Schlag an!

Hofmarschall *(wischt sich die Stirn)* Und Sie wollen Ihr kostbares Leben so aussetzen, junger hoffnungsvoller Mann?

Ferdinand Schlag an, sag ich. Ich habe nichts mehr in dieser Welt zu tun.

Hofmarschall Aber i c h desto mehr, mein Allervortrefflichster.

Ferdinand D u , Bursche? Was d u ? – Der Notnagel zu sein, wo die M e n s c h e n sich rar machen? In e i n e m Augenblick siebenmal kurz und siebenmal lang zu werden, wie der Schmetterling an der Nadel? Ein Register zu führen über die Stuhlgänge deines Herrn, und der Mietgaul seines Witzes zu sein? Ebenso gut. Ich führe dich, wie irgendein seltenes Murmeltier mit mir. Wie ein zahmer Affe sollst du zum Geheul der Verdammten tanzen, apportieren[1] und aufwarten, und mit d e i n e n höfischen Künsten die ewige Verzweiflung[2] belustigen.

Hofmarschall Was Sie befehlen, Herr, wie Sie belieben – Nur die Pistolen weg!

1 (wie ein Hund) Beute oder Gegenstände herbeibringen
2 *hier* Hölle

Ferdinand Wie er da steht der Schmerzenssohn! – Da steht, dem sechsten Schöpfungstag zum Schimpfe! Als wenn ihn ein Tübinger Buchhändler[1] dem Allmächtigen nachgedruckt hätte! – Schade nur, ewig schade für die Unze[2] Gehirn, die so schlecht in diesem undankbaren Schädel wuchert. Diese einzige Unze hätte dem Pavian noch vollends zum Menschen geholfen, da sie jetzt nur einen Bruch von Vernunft macht – Und mit diesem ihr Herz zu teilen? – Ungeheuer! Unverantwortlich! – Einem Kerl, mehr gemacht, von Sünden zu entwöhnen, als dazu anzureizen.

Hofmarschall O! Gott sei ewig Dank! Er wird witzig.

Ferdinand Ich will ihn gelten lassen. Die Toleranz, die der Raupe schont, soll auch d i e s e m zugute kommen. Man begegnet ihm, zuckt etwa die Achsel, bewundert vielleicht noch die kluge Wirtschaft des Himmels, der auch mit Trebern[3] und Bodensatz noch Kreaturen speist; der dem Raben am Hochgericht[4], und einem Höfling im Schlamme der Majestäten den Tisch deckt – Zuletzt erstaunt man noch über die große Polizei der Vorsicht, die auch in der Geisterwelt ihre Blindschleichen und Taranteln zur Ausfuhr des Gifts besoldet. – Aber *(indem seine Wut sich erneuert)* an meine Blume soll mir das Ungeziefer nicht kriechen, oder ich will es *(den Mar-*

1 Tübinger Buchhändler waren damals für ihre minderwertigen Buchdrucke bekannt.
2 altes Apothekergewicht (ca. 30 g)
3 beim Bierbrauen anfallende Rückstände
4 Hinrichtungsstätte

schall fassend und unsanft herumschüttelnd) so und so und wieder so durcheinander quetschen.

Hofmarschall *(für sich hinseufzend)* O mein Gott! Wer hier weg wäre! Hundert Meilen von hier, im Bicêtre[1] zu Paris! nur bei diesem nicht!

Ferdinand Bube! Wenn sie nicht rein mehr ist? Bube! Wenn du genossest, wo ich anbetete? *(Wütender)* Schwelgtest, wo ich einen Gott mich fühlte? *(Plötzlich schweigt er, darauf fürchterlich.)* Dir wäre besser, Bube, du flöhest der Hölle zu, als dass dir mein Zorn im Himmel begegnete! – Wie weit kamst du mit dem Mädchen? Bekenne!

Hofmarschall Lassen Sie mich los. Ich will alles verraten.

Ferdinand O! es muss reizender sein mit diesem Mädchen zu buhlen, als mit andern noch so himmlisch zu schwärmen – Wollte sie ausschweifen, wollte sie, sie könnte den Wert der Seele herunterbringen, und die Tugend mit der Wollust verfälschen. *(Dem Marschall die Pistole aufs Herz drückend.)* Wie weit kamst du mit ihr? Ich drücke ab, oder bekenne!

Hofmarschall Es ist nichts – ist ja alles nichts. Haben Sie nur eine Minute Geduld. Sie sind ja betrogen.

Ferdinand Und daran mahnst du mich, Bösewicht? – Wie weit kamst du mit ihr? Du bist des Todes, oder bekenne!

Hofmarschall Mon Dieu! Mein Gott! Ich spreche ja – So hören Sie doch nur – Ihr Vater – Ihr eigener leiblicher Vater –

1 bekannte Psychiatrie und Obdachlosenheim bei Paris

Ferdinand *(grimmiger)* Hat seine Tochter an dich verkuppelt? Und wie weit kamst du mit ihr? Ich ermorde dich, oder bekenne!

Hofmarschall Sie rasen. Sie hören nicht. Ich sah sie nie. Ich kenne sie nicht. Ich weiß gar nichts von ihr.

Ferdinand *(zurücktretend)* Du sahst sie nie? Kennst sie nicht? Weißt gar nichts von ihr? – Die Millerin ist verloren um deinetwillen, du leugnest sie dreimal in einem Atem hinweg? – Fort, schlechter Kerl. *(Er gibt ihm mit der Pistole einen Streich, und stößt ihn aus dem Zimmer.)* Für deinesgleichen ist kein Pulver erfunden!

VIERTE SZENE

FERDINAND, nach einem langen Stillschweigen, worin seine Züge einen schrecklichen Gedanken entwickeln.

Ferdinand Verloren! Ja Unglückselige! – Ich bin es. Du bist es auch. Ja bei dem großen Gott! Wenn ich verloren bin, bist du es auch! – Richter der Welt! Fodre sie mir nicht ab. Das Mädchen ist mein. Ich trat dir deine ganze Welt für das Mädchen ab, habe Verzicht getan auf deine ganze herrliche Schöpfung. Lass mir das Mädchen. – Richter der Welt! Dort winseln Millionen Seelen nach dir – Dorthin kehre das Aug deines Erbarmens – mich lass allein machen, Richter der Welt! *(Indem er schrecklich die Hände faltet.)* Sollte der reiche vermögende Schöpfer mit einer Seele geizen, die noch dazu die schlechteste seiner Schöpfung ist? – Das Mädchen ist mein! Ich einst ihr Gott, jetzt ihr Teufel! *(Die Augen* *grass*[1] *in einen Winkel geworfen.)* Eine Ewigkeit mit ihr auf ein Rad der Verdammnis geflochten – Augen in Augen wurzelnd – Haare zu Berge stehend gegen Haare – Auch unser hohles Wimmern in e i n s geschmolzen – Und jetzt zu wiederholen meine Zärtlichkeiten, und jetzt ihr vorzusingen ihre Schwüre – Gott! Gott! Die Vermählung ist fürchterlich – aber e w i g ! *(Er will schnell hinaus. Der Präsident tritt herein.)*

FÜNFTE SZENE

Der PRÄSIDENT und FERDINAND.

Ferdinand *(zurücktretend)* O! – Mein Vater!

Präsident Sehr gut, dass wir uns finden, mein Sohn. Ich komme, dir etwas Angenehmes zu verkündigen, und etwas, lieber Sohn, das dich ganz gewiss überraschen wird. Wollen wir uns setzen?

Ferdinand *(sieht ihn lange Zeit starr an)* Mein Vater! *(Mit stärkerer Bewegung zu ihm gehend und seine Hand fassend.)* Mein Vater! *(Seine Hand küssend, vor ihm niederfallend.)* O mein Vater!

Präsident Was ist dir, mein Sohn? Steh auf! Deine Hand brennt und zittert.

Ferdinand *(mit wilder feuriger Empfindung)* Verzeihung für meinen Undank, mein Vater! Ich bin ein verworfener Mensch. Ich habe Ihre Güte misskannt. Sie meinten es mit mir so väterlich – O! Sie hatten eine weissagende

1 grässlich, zornig

Seele – Jetzt ist's zu spät – Verzeihung! Verzeihung! Ihren Segen, mein Vater!

Präsident *(heuchelt eine schuldlose Miene)* Steh auf, mein Sohn! Besinne dich, dass du mir Rätsel sprichst.

Ferdinand Diese Millerin, mein Vater – O Sie kennen den Menschen – Ihre Wut war damals so gerecht, so edel, so väterlich warm – Nur verfehlte der warme Vatereifer des Weges – Diese Millerin!

Präsident Martre mich nicht, mein Sohn. Ich verfluche meine Härte! Ich bin gekommen, dir abzubitten.

Ferdinand Abbitten an mir! Verfluchen an mir! – Ihre Missbilligung war Weisheit. Ihre Härte war himmlisches Mitleid – – Diese Millerin, Vater –

Präsident Ist ein edles, ein liebes Mädchen. – Ich widerrufe meinen übereilten Verdacht. Sie hat meine Achtung erworben.

Ferdinand *(springt erschüttert auf)* Was? auch Sie? – Vater! auch Sie? – Und nicht wahr, mein Vater, ein Geschöpf wie die Unschuld? – und es ist so menschlich, dieses Mädchen zu lieben?

Präsident Sage so: Es ist Verbrechen, es nicht zu lieben.

Ferdinand Unerhört! Ungeheuer! – Und Sie schauen ja doch sonst die Herzen so durch! Sahen Sie noch dazu mit Augen des Hasses! – Heuchelei ohne Beispiel – Diese Millerin, Vater –

Präsident Ist es wert meine Tochter zu sein. Ich rechne ihre Tugend für Ahnen, und ihre Schönheit für Gold. Meine Grundsätze weichen deiner Liebe – Sie sei dein!

Ferdinand *(stürzt fürchterlich aus dem Zimmer)* Das fehlte noch! – Leben Sie wohl, mein Vater. *(Ab.)*

Präsident *(ihm nachgehend)* Bleib! Bleib! Wohin stürmst du? *(Ab.)*

SECHSTE SZENE

Ein sehr prächtiger Saal bei der Lady.
LADY und SOPHIE treten herein.

Lady Also sahst du sie? Wird sie kommen?

Sophie Diesen Augenblick. Sie war noch im Hausgewand, und wollte sich nur in der Geschwindigkeit umkleiden.

Lady Sage mir nichts von ihr – stille – wie eine Verbrecherin zittre ich, die Glückliche zu sehen, die mit meinem Herzen so schrecklich harmonisch fühlt – Und wie nahm sie sich bei der Einladung?

Sophie Sie schien bestürzt, wurde nachdenkend, sah mich mit großen Augen an und schwieg. Ich hatte mich schon auf ihre Ausflüchte vorbereitet, als sie mit einem Blick, der mich ganz überraschte, zur Antwort gab: Ihre Dame befiehlt mir, was ich mir morgen erbitten wollte.

Lady *(sehr unruhig)* Lass mich, Sophie. Beklage mich. Ich muss erröten, wenn sie nur das gewöhnliche Weib ist, und wenn sie mehr ist, verzagen.

Sophie Aber Mylady – Das ist die Laune nicht, eine Nebenbuhlerin zu empfangen. Erinnern Sie sich, wer Sie sind. Rufen Sie Ihre Geburt, Ihren Rang, Ihre Macht zu Hilfe.

Ein stolzeres Herz muss die stolze Pracht Ihres Anblicks erheben.

Lady *(zerstreut)* Was schwatzt die Närrin da?

Sophie *(boshaft)* Oder es ist vielleicht Zufall, dass eben heute die kostbarsten Brillanten an Ihnen blitzen? Zufall, dass eben heute der reichste Stoff Sie bekleiden muss – dass Ihre Antischamber von Heiducken[1] und Pagen wimmelt, und das Bürgermädchen im fürstlichsten Saal Ihres Palastes erwartet wird?

Lady *(auf und ab voll Erbitterung)* Verwünscht! Unerträglich! Dass Weiber für Weiberschwächen solche Luchsaugen haben! – – Aber wie tief, wie tief muss ich schon gesunken sein, dass eine solche Kreatur[2] mich ergründet!

Ein Kammerdiener *(tritt auf)* Mamsell Millerin –

Lady *(zu Sophien)* Hinweg du! Entferne dich! *(Drohend, da diese noch zaudert.)* Hinweg! Ich befehl es. *(Sophie geht ab. Lady macht einen Gang durch den Saal.)* Gut! Recht gut, dass ich in Wallung kam. Ich bin, wie ich wünschte. *(Zum Kammerdiener.)* Die Mamsell mag hereintreten. *(Kammerdiener geht. Sie wirft sich in den Sofa, und nimmt eine vornehm-nachlässige Lage an.)*

1 Diener, Leibwächter von Adeligen besonders in Ungarn Österreich
2 niederes Geschöpf

SIEBENTE SZENE

Luise Millerin tritt schüchtern herein und bleibt in einer großen Entfernung von der Lady stehen; Lady hat ihr den Rücken zugewandt, und betrachtet sie eine Zeitlang aufmerksam in dem gegenüberstehenden Spiegel. (Nach einer Pause.)

Luise Gnädige Frau, ich erwarte Ihre Befehle.

Lady *(dreht sich nach Luisen um, und nickt nur eben mit dem Kopf, fremd und zurückgezogen)* Aha! Ist Sie hier? – Ohne Zweifel die Mamsell – eine gewisse – Wie nennt man Sie doch?

Luise *(etwas empfindlich)* Miller nennt sich mein Vater, und Ihro Gnaden s c h i c k t e n nach seiner Tochter.

Lady Recht! Recht! Ich entsinne mich – die arme Geigerstochter, wovon neulich die Rede war. *(Nach einer Pause, vor sich.)* Sehr interessant, und doch keine Schönheit – *(Laut zu Luisen.)* Trete Sie näher, mein Kind. *(Wieder vor sich.)* Augen, die sich im Weinen übten – Wie lieb ich sie, diese Augen! *(Wiederum laut.)* Nur näher – Nur ganz nah – Gutes Kind, ich glaube, du f ü r c h t e s t mich?

Luise *(groß, mit entschiednem Ton)* Nein, Mylady. Ich verachte das Urteil der Menge.

Lady *(vor sich)* Sieh doch! – und diesen Trotzkopf hat sie von i h m . *(Laut.)* Man hat Sie mir empfohlen, Mamsell. Sie soll was gelernt haben, und sonst auch zu leben wissen – Nun ja. Ich will's glauben – auch nähm ich die ganze Welt nicht, einen so warmen Fürsprecher Lügen zu strafen.

Luise Doch kenn ich niemand, Mylady, der sich Mühe gäbe, mir eine Patronin[1] zu suchen.

Lady *(geschraubt)* Mühe um die Klientin[2] oder Patronin?

Luise Das ist mir zu hoch, gnädige Frau.

Lady Mehr Schelmerei, als diese offene Bildung vermuten lässt! Luise nennen Sie sich? Und wie jung, wenn man fragen darf?

Luise Sechszehn gewesen.

Lady *(steht rasch auf)* Nun ist's heraus! Sechszehen Jahre! Der erste Puls dieser Leidenschaft! – Auf dem unberührten Klavier der erste einweihende Silberton! – Nichts ist verführender – Setz dich, ich bin dir gut, liebes Mädchen – Und auch er liebt zum ersten Mal – Was Wunder, wenn sich die Strahlen e i n e s Morgenrots finden? *(Sehr freundlich, und ihre Hand ergreifend.)* Es bleibt dabei, ich will dein Glück machen, Liebe – Nichts, nichts als die süße frühe verfliegende Träumerei. *(Luisen auf die Wange klopfend.)* Meine Sophie heiratet. Du sollst ihre Stelle haben – Sechszehen Jahr! Es kann nicht von Dauer sein.

Luise *(küsst ihr ehrerbietig die Hand)* Ich danke für diese Gnade, Mylady, als w e n n ich sie annehmen dürfte.

Lady *(in Entrüstung zurückfallend)* Man sehe die große Dame! – Sonst wissen sich Jungfern I h r e r Herkunft noch glücklich, wenn sie Herrschaften finden – Wo will

1 (lat.) Herrin
2 (lat.) Auftraggeberin

denn Sie hinaus, meine Kostbare? Sind diese Finger zur Arbeit zu niedlich? Ist es Ihr bisschen Gesicht, worauf Sie so trotzig tut?

Luise Mein Gesicht, gnädige Frau, gehört mir so wenig, als meine Herkunft.

Lady Oder glaubt Sie vielleicht, das werde nimmer ein Ende nehmen? – Armes Geschöpf, wer dir das in den Kopf setzte – mag er sein, wer er will – er hat euch beide zum Besten gehabt. Diese Wangen sind nicht im Feuer vergoldet. Was dir dein Spiegel für massiv und ewig verkauft, ist nur ein dünner angeflogener Goldschaum, der deinem Anbeter über kurz oder lang in der Hand bleiben muss – Was werden wir dann machen?

Luise Den Anbeter bedauern, Mylady, der einen Demant kaufte, weil er in Gold schien gefasst zu sein.

Lady *(ohne darauf achten zu wollen)* Ein Mädchen von Ihren Jahren hat immer zween Spiegel zugleich, den wahren und ihren Bewunderer – Die gefällige Geschmeidigkeit des Letztern macht die raue Offenherzigkeit des Erstern wieder gut. Der eine rügt eine hässliche Blatternarbe[1]. Weit gefehlt, sagt der andere, es ist ein Grübchen der Grazien[2]. Ihr guten Kinder glaubt jenem nur, was euch dieser gesagt hat, hüpft von einem zum andern, bis ihr zuletzt die Aussagen beider verwechselt – Warum begafft Sie mich so?

Luise Verzeihen Sie, gnädige Frau – Ich war soeben im Begriff, diesen prächtig blitzenden Rubin zu beweinen,

1 entstellende Pockennarbe
2 (in röm. Mythologie) Göttinnen der Anmut

der es nicht wissen muss, dass seine Besitzerin so scharf wider Eitelkeit eifert.

Lady *(errötend)* Keinen Seitensprung, Lose! – Wenn es nicht die Promessen[1] Ihrer Gestalt sind, was in der Welt könnte Sie abhalten, einen Stand zu erwählen, der der Einzige ist, wo Sie Manieren und Welt lernen kann, der Einzige ist, wo Sie sich Ihrer bürgerlichen Vorurteile entledigen kann?

Luise Auch meiner bürgerlichen Unschuld, Mylady?

Lady Läppischer Einwurf! Der ausgelassenste Bube ist zu verzagt, uns etwas Beschimpfendes zuzumuten, wenn wir ihm nicht selbst ermunternd entgegengehn. Zeige Sie, wer Sie ist! Gebe Sie sich Ehre und Würde, und ich sage Ihrer Jugend für alle Versuchung gut.

Luise Erlauben Sie, gnädige Frau, dass ich mich unterstehe, daran zu zweifeln. Die Paläste gewisser Damen sind oft die Freistätten der frechsten Ergötzlichkeit. Wer sollte der Tochter des armen Geigers den Heldenmut zutrauen, den Heldenmut, mitten in die Pest sich zu werfen, und doch dabei vor der Vergiftung zu schaudern? Wer sollte sich träumen lassen, dass Lady Milford ihrem Gewissen einen ewigen Skorpion halte[2], dass sie Geldsummen aufwende, um den Vorteil zu haben, jeden Augenblick schamrot zu werden? – Ich bin offenherzig, gnädige Frau – Würde Sie mein Anblick ergötzen, wenn Sie einem Vergnügen entgegengingen? Würden Sie ihn ertragen, wenn Sie zurückkämen? – – O bes-

1 (lat.) Versprechungen
2 *hier* ewige Gewissensbisse haben

ser! besser! Sie lassen Himmelsstriche uns trennen – Sie lassen Meere zwischen uns fließen! – Sehen Sie sich wohl für, Mylady – Stunden der Nüchternheit, Augenblicke der Erschöpfung könnten sich melden – Schlangen der Reue könnten Ihren Busen anfallen, und nun – welche Folter für Sie, im Gesicht Ihres Dienstmädchens die heitre Ruhe zu lesen, womit die Unschuld ein reines Herz zu belohnen pflegt. *(Sie tritt einen Schritt zurück.)* Noch einmal, gnädige Frau. Ich bitte sehr um Vergebung.

Lady *(in großer innrer Bewegung herumgehend)* Unerträglich, dass sie mir das sagt! Unerträglicher, dass sie Recht hat! *(Zu Luisen tretend, und ihr starr in die Augen sehend.)* Mädchen, du wirst mich nicht überlisten. So warm sprechen Meinungen nicht. Hinter diesen Maximen lauert ein feurigeres Interesse, das dir meine Dienste besonders abscheulich malt – das dein Gespräch so erhitzte – das ich *(drohend)* entdecken muss.

Luise *(gelassen und edel)* Und wenn Sie es nun entdeckten? und wenn Ihr verächtlicher Fersenstoß den beleidigten Wurm aufweckte, dem sein Schöpfer gegen Misshandlung noch einen Stachel gab? – Ich fürchte Ihre Rache nicht, Lady – Die arme Sünderin auf dem berüchtigten Henkerstuhl lacht zu Weltuntergang. – Mein Elend ist so hoch gestiegen, dass selbst Aufrichtigkeit es nicht mehr vergrößern kann. *(Nach einer Pause, sehr ernsthaft.)* Sie wollen mich aus dem Staub meiner Herkunft reißen. Ich will sie nicht zergliedern, diese verdächtige Gnade. Ich will nur fragen, was Mylady bewegen konnte, mich für die Törin zu halten, die über ihre

Herkunft errötet? Was sie berechtigen konnte, sich zur Schöpferin meines Glücks aufzuwerfen, ehe sie noch wusste, ob ich mein Glück auch von ihren Händen empfangen wolle? – Ich hatte meinen ewigen Anspruch auf die Freuden der Welt zerrissen. Ich hatte dem Glück seine Übereilung vergeben – Warum mahnen Sie mich aufs Neu an dieselbe? – Wenn selbst die Gottheit dem Blick der Erschaffenen ihre Strahlen verbirgt, dass nicht ihr oberster Seraph vor seiner Verfinsterung zurückschaure – warum wollen Menschen so grausam-barmherzig sein? – Wie kommt es, Mylady, dass Ihr gepriesenes Glück das Elend so gern um Neid und Bewunderung anbettelt? – Hat Ihre Wonne die Verzweiflung so nötig zur Folie? – O lieber! so gönnen Sie mir doch eine Blindheit, die mich allein noch mit meinem barbarischen Los versöhnt – Fühlt sich doch das Insekt in einem Tropfen Wassers so selig, als wär es ein Himmelreich, so froh und so selig, bis man ihm von einem Weltmeer erzählt, worin Flotten und Walfische spielen! – – – Aber glücklich wollen Sie mich ja wissen? *(Nach einer Pause plötzlich zur Lady hintretend und mit Überraschung sie fragend.)* Sind Sie glücklich, Mylady? *(Diese verlässt sie schnell und betroffen, Luise folgt ihr, und hält ihr die Hand vor den Busen.)* Hat dieses Herz auch die lachende Gestalt Ihres Standes? Und wenn wir jetzt Brust gegen Brust, und Schicksal gegen Schicksal auswechseln sollten – und wenn ich in kindlicher Unschuld – und wenn ich auf Ihr Gewissen – und wenn ich als meine Mutter Sie fragte – würden Sie mir wohl zu dem Tausche raten?

Lady *(heftig bewegt in den Sofa sich werfend)* Unerhört! Unbegreiflich! Nein, Mädchen! Nein! Diese Größe hast du nicht auf die Welt gebracht, und für einen Vater ist sie zu jugendlich. Lüge mir nicht. Ich höre einen andern Lehrer –

Luise *(fein und scharf ihr in die Augen sehend)* Es sollte mich doch wundern, Mylady, wenn Sie jetzt erst auf diesen Lehrer fielen, und doch vorhin schon eine Kondition[1] für mich wussten.

Lady *(springt auf)* Es ist nicht auszuhalten! – Ja denn! weil ich dir doch nicht entwischen kann. Ich kenn ihn – weiß alles – weiß mehr, als ich wissen mag. *(Plötzlich hält sie inne, darauf mit einer Heftigkeit, die nach und nach bis beinahe zum Toben steigt.)* Aber wag es, Unglückliche – wag es, ihn jetzt noch zu lieben oder von ihm geliebt zu werden – Was sage ich? – Wag es an ihn zu denken, oder einer von seinen Gedanken zu sein – Ich bin mächtig, Unglückliche – fürchterlich – So wahr Gott lebt! du bist verloren!

Luise *(standhaft)* Ohne Rettung, Mylady, sobald Sie ihn zwingen, dass er Sie lieben muss.

Lady Ich verstehe dich – aber er soll mich nicht lieben. Ich will über diese schimpfliche Leidenschaft siegen, mein Herz unterdrücken, und das deinige zermalmen – Felsen und Abgründe will ich zwischen euch werfen; eine Furie will ich mitten durch euren Himmel gehn; mein Name soll eure Küsse wie ein Gespenst Verbrecher auseinander scheuchen; deine junge blühende

1 *hier* (lat.) Anstellung

Gestalt unter seiner Umarmung welk wie eine Mumie zusammenfallen – Ich kann nicht mit ihm glücklich werden – aber du sollst es auch nicht werden – Wisse das, Elende! Seligkeit zerstören ist auch Seligkeit.

Luise Eine Seligkeit, um die man Sie schon gebracht hat, Mylady. Lästern Sie Ihr eigenes Herz nicht. Sie sind nicht fähig das auszuüben, was Sie so drohend auf mich herabschwören. Sie sind nicht fähig ein Geschöpf zu quälen, das Ihnen nichts zuleide getan, als dass es empfunden hat, wie Sie – Aber ich liebe Sie um dieser Wallung willen, Mylady.

Lady *(die sich jetzt gefasst hat)* Wo bin ich? Wo war ich? Was hab ich merken lassen? Wen hab ich's merken lassen? – O Luise, edle, große, göttliche Seele! Vergib's einer Rasenden – Ich will dir kein Haar kränken, mein Kind. Wünsche! Fodre! Ich will dich auf den Händen tragen, deine Freundin, deine Schwester will ich sein – Du bist arm – Sieh! *(Einige Brillanten herunternehmend.)* Ich will diesen Schmuck verkaufen – meine Garderobe, Pferd und Wagen verkaufen – Dein sei alles, aber entsag ihm!

Luise *(tritt zurück voll Befremdung)* Spottet sie einer Verzweifelnden, oder sollte sie an der barbarischen Tat im Ernst keinen Anteil gehabt haben? – Ha! So könnt ich mir ja noch den Schein einer Heldin geben, und meine Ohnmacht zu einem Verdienst aufputzen. *(Sie steht eine Weile gedankenvoll, dann tritt sie näher zur Lady, fasst ihre Hand und sieht sie starr und bedeutend an.)* Nehmen Sie ihn denn hin, Mylady! – Freiwillig tret ich Ihnen ab den Mann, den man mit Haken der Hölle von meinem blutenden Herzen riss. – – Vielleicht wissen Sie es selbst nicht, Mylady, aber Sie haben den Himmel zweier Liebenden geschleift, voneinander gezerrt zwei Herzen, die Gott aneinander band; zerschmettert ein Geschöpf, das ihm nahe ging, wie Sie, das er zur Freude schuf, wie Sie, das ihn gepriesen hat, wie Sie, und ihn nun nimmermehr preisen wird – Lady! Ins Ohr des Allwissenden schreit auch der letzte Krampf des zertretenen Wurms – es wird ihm nicht gleichgültig sein, wenn man Seelen in seinen Händen mordet! Jetzt ist er Ihnen! Jetzt, Mylady, nehmen Sie ihn hin! Rennen Sie in seine Arme! Reißen Sie ihn zum Altar – Nur vergessen Sie nicht, dass zwischen Ihren Brautkuss das Gespenst einer Selbstmörderin stürzen wird – Gott wird barmherzig sein – Ich kann mir nicht anders helfen. *(Sie stürzt hinaus.)*

ACHTE SZENE

LADY allein, steht erschüttert und außer sich, den starren Blick nach der Türe gerichtet, durch welche die Millerin weggeeilt, endlich erwacht sie aus ihrer Betäubung.

Lady Wie war das? Wie geschah mir? Was sprach die Unglückliche? – Noch, o Himmel! noch zerreißen sie mein Ohr die fürchterlichen mich verdammenden Worte: Nehmen Sie ihn hin! – Wen, Unglückselige? Das Geschenk deines Sterberöchelns – das schauervolle Vermächtnis deiner Verzweiflung! Gott! Gott! Bin ich so tief gesunken – so plötzlich von allen Thronen meines

Stolzes herabgestürzt, dass ich heißhungrig erwarte, was einer Bettlerin Großmut aus ihrem letzten Todeskampfe mir zuwerfen wird? – Nehmen Sie ihn hin, und das spricht sie mit einem Tone, begleitet sie mit einem Blicke – – Ha! Emilie! Bist du darum über die Grenzen deines Geschlechts weggeschritten? Musstest du darum um den prächtigen Namen des großen britischen Weibes buhlen, dass das prahlende Gebäude deiner Ehre neben der höheren Tugend einer verwahrlosten Bürgerdirne versinken soll? – Nein, stolze Unglückliche! Nein! – Beschämen lässt sich Emilie Milford – doch beschimpfen nie! Auch ich habe Kraft, zu entsagen. *(Mit majestätischen Schritten auf und nieder.)*

Verkrieche dich jetzt weiches leidendes Weib – Fahret hin, süße goldene Bilder der Liebe – Großmut allein sei jetzt meine Führerin! – – Dieses liebende Paar ist verloren, oder Milford muss ihren Anspruch vertilgen, und im Herzen des Fürsten erlöschen! *(Nach einer Pause, lebhaft.)* Es ist geschehen! – Gehoben das furchtbare Hindernis – Zerbrochen alle Bande zwischen mir und dem Herzog, gerissen aus meinem Busen diese wütende Liebe! – – In deine Arme werf ich mich, Tugend! – Nimm sie auf, deine reuige Tochter Emilie! – Ha! wie mir so wohl ist! Wie ich auf einmal so leicht! so gehoben mich fühle! – Groß, wie eine fallende Sonne, will ich heut vom Gipfel meiner Hoheit heruntersinken, meine Herrlichkeit sterbe mit meiner Liebe, und nichts als mein Herz begleiten mich in diese stolze Verweisung[1]. *(Entschlossen zum Schreibpult gehend.)* Jetzt gleich muss es geschehen – jetzt auf der Stelle, ehe die Reize des lieben Jünglings den blutigen Kampf meines Herzens erneuren. *(Sie setzt sich nieder, und fängt an zu schreiben.)*

NEUNTE SZENE

LADY. Ein KAMMERDIENER. SOPHIE, hernach der HOFMARSCHALL, zuletzt BEDIENTE.

Kammerdiener Hofmarschall von Kalb stehen im Vorzimmer mit einem Auftrag vom Herzog.

Lady *(in der Hitze des Schreibens)* Auftaumeln wird sie, die fürstliche Drahtpuppe! Freilich! der Einfall ist auch drollig genug, so eine durchlauchtige Hirnschale auseinander zu treiben! – Seine Hofschranzen[2] werden wirbeln – Das ganze Land wird in Gärung kommen.

Kammerdiener und Sophie Der Hofmarschall, Mylady –

Lady *(dreht sich um)* Wer? Was? – Desto besser! Diese Sorte von Geschöpfen ist zum Sacktragen auf der Welt. Er soll mir willkommen sein.

Kammerdiener *(geht ab).*

Sophie *(ängstlich näher kommend)* Wenn ich nicht fürchten müsste, Mylady, es wäre Vermessenheit – *(Lady schreibt hitzig fort.)* Die Millerin stürzte außer sich durch den Vorsaal – Sie glühen – Sie sprechen mit sich

1 *hier* eigens auferlegte Verbannung
2 abwertend für schmeichelnde Angehörige des Hofstaates

selbst. *(Lady schreibt immer fort.)* Ich erschrecke – Was muss geschehen sein?

Hofmarschall *(tritt herein, macht dem Rücken der Lady tausend Verbeugungen; da sie ihn nicht bemerkt, kommt er näher, stellt sich hinter ihren Sessel, sucht den Zipfel ihres Kleids wegzukriegen und drückt einen Kuss darauf, mit furchtsamen Lispeln)* Serenissimus[1] –

Lady *(indem sie Sand streut[2] und das Geschriebene durchfliegt)* Er wird mir schwarzen Undank zur Last legen – Ich war eine Verlassene. Er hat mich aus dem Elend gezogen – Aus dem Elend? – Abscheulicher Tausch! – Zerreiße deine Rechnung, Verführer! Meine ewige Schamröte bezahlt sie mit Wucher.

Hofmarschall *(nachdem er die Lady vergeblich von allen Seiten umgangen hat)* Mylady scheinen etwas distrait[3] zu sein – Ich werde mir wohl selbst die Kühnheit erlauben müssen. *(Sehr laut.)* Serenissimus schicken mich, Mylady zu fragen, ob diesen Abend Vauxhall[4] sein werde, oder teutsche Komödie?

Lady *(lachend aufstehend)* Eins von beiden, mein Engel – Unterdessen bringen Sie Ihrem Herzog diese Karte zum Dessert! *(Gegen Sophien.)*. Du, Sophie, befiehlst, dass man anspannen soll, und rufst meine ganze Garderobe in diesen Saal zusammen. –

1 Anrede für regierenden Fürsten
2 Um die überschüssige Tinte aufzusaugen, streute man Sand auf das Geschriebene.
3 (franz.) zerstreut, geistesabwesend
4 vornehmer Vorort von London, *hier* Gartenfest

Sophie *(geht ab voll Bestürzung)* O Himmel! Was ahndet mir? Was wird das noch werden?

Hofmarschall Sie sind echauffiert[1], meine Gnädige?

Lady Umso weniger wird hier gelogen sein – Hurra, Herr Hofmarschall! Es wird eine Stelle vakant[2]. Gut Wetter für Kuppler. *(Da der Marschall einen zweifelhaften Blick auf den Zettel wirft.)* Lesen Sie, lesen Sie! – Es ist mein Wille, dass der Inhalt nicht unter vier Augen bleibe.

Hofmarschall *(liest; unterdessen sammeln sich die Bedienten der Lady im Hintergrund)*

„Gnädigster Herr,

Ein Vertrag, den Sie so leichtsinnig brachen, kann mich nicht mehr binden. Die Glückseligkeit Ihres Landes war die Bedingung meiner Liebe. Drei Jahre währte der Betrug. Die Binde fällt mir von den Augen; ich verabscheue Gunstbezeugungen, die von den Tränen der Untertanen triefen. – Schenken Sie die Liebe, die i c h Ihnen nicht mehr erwidern kann, Ihrem weinenden Lande, und lernen von einer b r i t i s c h e n Fürstin Erbarmen gegen Ihr t e u t s c h e s Volk. In einer Stunde bin ich über der Grenze.

Johanna Norfolk."

Alle Bediente *(murmeln bestürzt durcheinander)* Über der Grenze?

Hofmarschall *(legt die Karte erschrocken auf den Tisch)* Behüte der Himmel, meine Beste und Gnädige! Den

1 (franz.) aufgewühlt, aufgebracht
2 frei

Überbringer müsste der Hals ebenso jücken, als der Schreiberin[1].

Lady Das ist deine Sorge, du Goldmann – Leider weiß ich es, dass du und deinesgleichen am Nachbeten dessen, was andre getan haben, erwürgen! – Mein Rat wäre, man backte den Zettel in eine Wildbretpastete, so fänden ihn Serenissimus auf dem Teller –

Hofmarschall Ciel[2]! Diese Vermessenheit! – So erwägen Sie doch, so bedenken Sie doch, wie sehr Sie sich in Disgrace[3] setzen, Lady!

Lady *(wendet sich zu der versammelten Dienerschaft, und spricht das Folgende mit der innigsten Rührung)* Ihr steht bestürzt, guten Leute, erwartet angstvoll, wie sich das Rätsel entwickeln wird? – Kommt näher, meine Lieben – Ihr dientet mir redlich und warm, sahet mir öfter in die Augen, als in die Börse, euer Gehorsam war eure Leidenschaft, euer Stolz – meine Gnade! – – Dass das Andenken eurer Treue zugleich das Gedächtnis meiner Erniedrigung sein muss! Trauriges Schicksal, dass meine schwärzesten Tage eure glücklichen waren! *(Mit Tränen in den Augen.)* Ich entlasse euch, meine Kinder – – Lady Milford ist nicht mehr, und Johanna von Norfolk zu arm, ihre Schuld abzutragen – Mein Schatzmeister stürze meine Schatulle unter euch – Dieser Palast bleibt dem Herzog – Der Ärmste von euch wird reicher von hinnen gehen als seine Gebieterin. *(Sie*

1 Dem Überbringer des Briefes droht genauso wie der Schreiberin die Hinrichtung.
2 (franz.) Himmel, *hier* als Ausruf des Entsetzens
3 (franz. / engl.) Ungnade

reicht ihre Hände hin, die alle nacheinander mit Leidenschaft küssen.) Ich verstehe euch, meine Guten – Lebt wohl! Lebt ewig wohl! *(Fasst sich aus ihrer Beklemmung.)* Ich höre den Wagen vorfahren. *(Sie reißt sich los, will hinaus, der Hofmarschall verrennt ihr den Weg.)* Mann des Erbarmens, stehst du noch immer da?

Hofmarschall *(der diese ganze Zeit über mit einem Geistesbankerott[1] auf den Zettel sah)* Und dieses Billet soll ich Seiner Hochfürstlichen Durchlaucht zu Höchsteigenen Händen geben?

Lady Mann des Erbarmens! zu Höchsteigenen Händen, und sollst melden zu Höchsteigenen Ohren, weil ich nicht barfuß nach Loretto[2] könne, so werde ich um den Taglohn arbeiten, mich zu reinigen von dem Schimpf, ihn beherrscht zu haben.

(Sie eilt ab. Alle Übrigen gehen sehr bewegt auseinander.)

1 mit höchster Ungläubigkeit
2 Wallfahrtsort in Italien

Fünfter Akt

Abends zwischen Licht, in einem Zimmer beim Musikanten.

ERSTE SZENE

LUISE sitzt stumm und ohne sich zu rühren in dem finstersten Winkel des Zimmers, den Kopf auf den Arm gesunken. Nach einer großen und tiefen Pause kommt MILLER mit einer Handlaterne, leuchtet ängstlich im Zimmer herum, ohne Luisen zu bemerken, dann legt er den Hut auf den Tisch und setzt die Laterne nieder.

Miller Hier ist sie auch nicht. Hier wieder nicht – Durch alle Gassen bin ich gezogen, bei allen Bekannten bin ich gewesen, auf allen Toren hab ich gefragt – Mein Kind hat man nirgends gesehen. *(Nach einigem Stillschweigen.)* Geduld, armer unglücklicher Vater. Warte ab, bis es morgen wird. Vielleicht kommt deine Einzige dann ans Ufer geschwommen – – Gott! Gott! Wenn ich mein Herz zu abgöttisch an diese Tochter hing? – Die Strafe ist hart. Himmlischer Vater, hart! Ich will nicht murren, himmlischer Vater, aber die Strafe ist hart. *(Er wirft sich gramvoll in einen Stuhl.)*

Luise *(spricht aus dem Winkel)* Du tust recht, armer alter Mann! Lerne beizeit noch verlieren.

Miller *(springt auf)* Bist du da, mein Kind? Bist du? – Aber warum denn so einsam und ohne Licht?

Luise Ich bin darum doch nicht einsam. Wenn's so recht schwarz wird um mich herum, hab ich meine besten Besuche.

Miller Gott bewahre dich! Nur der Gewissenswurm schwärmt mit der Eule. Sünden und böse Geister scheuen das Licht.

Luise Auch die Ewigkeit, Vater, die mit der Seele ohne Gehilfen redet.

Miller Kind! Kind! Was für Reden sind das?

Luise *(steht auf und kommt vorwärts)* Ich hab einen harten Kampf gekämpft. Er weiß es, Vater. Gott gab mir Kraft. Der Kampf ist entschieden. Vater! man pflegt unser Geschlecht zart und zerbrechlich zu nennen. Glaub Er das nicht mehr. Vor einer Spinne schütteln wir uns, aber das schwarze Ungeheuer Verwesung drücken wir im Spaß in die Arme. Dieses zur Nachricht, Vater. Seine Luise ist lustig.

Miller Höre, Tochter! Ich wollte, du heultest. Du gefielst mir so besser.

Luise Wie ich ihn überlisten will, Vater. Wie ich den Tyrannen betrügen will! – Die Liebe ist schlauer als die Bosheit und kühner – das hat er nicht gewusst, der Mann mit dem traurigen Stern – O! sie sind pfiffig, solang sie es nur mit dem Kopf zu tun haben, aber sobald sie mit dem Herzen anbinden, werden die Böswichter dumm – – Mit einem Eid gedachte er seinen Betrug zu versiegeln? Eide, Vater, binden wohl die Lebendigen, im Tode schmilzt auch der Sakramente eisernes Band. Ferdinand wird seine Luise kennen – Will Er mir dies Billet besorgen, Vater? Will Er so gut sein?

Miller An wen, meine Tochter?

Luise Seltsame Frage! Die Unendlichkeit und mein Herz haben miteinander nicht Raum genug für einen einzigen Gedanken an ihn – Wenn hätt ich denn wohl an sonst jemand schreiben sollen?

Miller *(unruhig)* Höre, Luise! Ich erbreche[1] den Brief.

Luise Wie Er will, Vater – aber Er wird nicht klug daraus werden. Die Buchstaben liegen wie kalte Leichname da, und leben nur Augen der Liebe.

Miller *(liest)* „Du bist verraten, Ferdinand – ein Bubenstück ohne Beispiel zerriss den Bund unsrer Herzen, aber ein schröcklicher Schwur hat meine Zunge gebunden, und dein Vater hat überall seine Horcher gestellt. Doch wenn du Mut hast, Geliebter – ich weiß einen dritten Ort, wo kein Eidschwur mehr bindet, und wohin ihm kein Horcher geht." *(Miller hält inne, und sieht ihr ernsthaft ins Gesicht.)*

Luise Warum sieht Er mich so an? Les Er doch ganz aus, Vater.

Miller „Aber Mut genug musst du haben, eine finstre Straße zu wandeln, wo dir nichts leuchtet, als deine Luise und Gott – Ganz nur Liebe musst du kommen, daheim lassen all deine Hoffnungen, und alle deine brausenden Wünsche; nichts kannst du brauchen als dein Herz. Willst du – so brich auf, wenn die Glocke den zwölften Streich tut auf dem Karmeliterturm[2]. Bangt dir – so durchstreiche das Wort stark vor dei-

1 breche den Briefsiegel auf
2 Kirchturm der Karmeliterkirche

nem Geschlechte, denn ein Mädchen hat dich zuschanden gemacht." *(Miller legt das Billet nieder, schaut lange mit einem schmerzlichen starren Blick vor sich hinaus, endlich kehrt er sich gegen sie, und sagt mit leiser gebrochener Stimme.)* Und dieser dritte Ort, meine Tochter?

Luise Er kennt ihn nicht, Er kennt ihn wirklich nicht, Vater? – Sonderbar! Der Ort ist zum Finden gemalt. Ferdinand wird ihn finden.

Miller Hum! Rede deutlicher.

Luise Ich weiß soeben kein liebliches Wort dafür – Er muss nicht erschrecken, Vater, wenn ich Ihm ein hässliches nenne. Dieser Ort – O warum hat die Liebe nicht Namen erfunden! Den schönsten hätte sie diesem gegeben. Der dritte Ort, guter Vater – aber Er muss mich ausreden lassen – Der dritte Ort ist das G r a b.

Miller *(zu einem Sessel hinwankend)* O mein Gott!

Luise *(geht auf ihn zu und hält ihn)* Nicht doch, mein Vater! Das sind nur Schauer, die sich um das Wort herum lagern – Weg mit diesem, und es liegt ein Brautbette da, worüber der Morgen seinen goldenen Teppich breitet, und die Frühlinge ihre bunte Girlanden streun. Nur ein heulender Sünder konnte den Tod ein Gerippe schelten; es ist ein holder niedlicher Knabe, blühend, wie sie den Liebesgott malen, aber so tückisch nicht – ein stiller dienstbarer Genius[1], der der erschöpften Pilgerin Seele den Arm bietet über den Graben der Zeit, das Feenschloss der ewigen Herrlichkeit aufschließt, freundlich nickt, und verschwindet.

1 (lat.) Schutzgeist

Miller Was hast du vor, meine Tochter? – Du willst eigenmächtig Hand an dich legen.

Luise Nenn Er es nicht so, mein Vater. Eine Gesellschaft räumen, wo ich nicht wohl gelitten bin – An einen Ort vorausspringen, den ich nicht länger missen kann – Ist denn das Sünde?

Miller Selbstmord ist die abscheulichste, mein Kind – die einzige, die man nicht mehr bereuen kann, weil Tod und Missetat zusammenfallen.

Luise *(bleibt erstarrt stehn)* Entsetzlich! – Aber so rasch wird es doch nicht gehn. Ich will in den Fluss springen, Vater, und im Hinuntersinken Gott den Allmächtigen um Erbarmen bitten.

Miller Das heißt, du willst den Diebstahl bereuen, sobald du das Gestohlene in Sicherheit weißt – Tochter! Tochter! gib Acht, dass du Gottes nicht spottest, wenn du seiner am meisten vonnöten hast. O! es ist weit! weit mit dir gekommen! – Du hast dein Gebet aufgegeben, und der Barmherzige zog seine Hand von dir.

Luise Ist lieben denn Frevel, mein Vater?

Miller Wenn du Gott liebst, wirst du nie bis zum Frevel lieben – – Du hast mich tief gebeugt, meine Einzige! tief, tief, vielleicht zur Grube gebeugt. – Doch! ich will dir dein Herz nicht noch schwerer machen – Tochter! ich sprach vorhin etwas. Ich glaubte allein zu sein. Du hast mich behorcht, und warum sollt ich's noch länger geheim halten? Du warst mein Abgott[1]. Höre, Luise, wenn du noch Platz für das Gefühl eines Vaters hast –

1 vergöttertes Wesen

Du warst mein Alles. Jetzt vertust du nicht mehr von deinem Eigentum. Auch ich hab alles zu verlieren. Du siehst, mein Haar fängt an grau zu werden. Die Zeit meldet sich allgemach bei mir, wo uns Vätern die Kapitale[1] zustatten kommen, die wir im Herzen unsrer Kinder anlegten – Wirst du mich darum betrügen, Luise? Wirst du dich mit dem Hab und Gut deines Vaters auf und davon machen?

Luise *(küsst seine Hand mit der heftigsten Rührung)* Nein, mein Vater. Ich gehe als Seine große Schuldnerin aus der Welt und werde in der Ewigkeit mit Wucher bezahlen.

Miller Gib Acht, ob du dich da nicht verrechnest, mein Kind? *(Sehr ernst und feierlich.)* Werden wir uns dort wohl noch finden? – – Sieh! Wie du blass wirst! – Meine Luise begreift es von selbst, dass ich sie in jener Welt nicht wohl mehr einholen kann, weil ich nicht so früh dahin eile, wie sie – *(Luise stürzt ihm in den Arm, von Schauern ergriffen – Er drückt sie mit Feuer an seine Brust und fährt fort mit beschwörender Stimme)* o Tochter! Tochter! Gefallene, vielleicht schon verlorene Tochter! Beherzige das ernsthafte Vaterwort! Ich kann nicht über dich wachen. Ich kann dir die Messer nehmen, du kannst dich mit einer Stricknadel töten. Für Gift kann ich dich bewahren, du kannst dich mit einer Schnur Perlen erwürgen. – Luise – Luise – nur warnen kann ich dich noch – Willst du es darauf ankommen lassen, dass dein treuloses Gaukelbild[2] auf der schröcklichen Brücke

1 Geldbetrag, Investition (hier im übertragenen Sinne)
2 Selbsttäuschung, dass Suizid keine Sünde sei

zwischen Zeit und Ewigkeit von dir weiche? Willst du dich vor des Allwissenden Thron mit der Lüge wagen: Deinetwegen, Schöpfer, bin ich da! wenn deine strafbare Augen ihre sterbliche Puppe suchen? – Und wenn dieser zerbrechliche Gott deines Gehirns, jetzt Wurm wie du, zu den Füßen deines Richters sich windet, deine gottlose Zuversicht in diesem schwankenden Augenblick Lügen straft, und deine betrogene Hoffnungen an die ewige Erbarmung verweist, die der Elende für sich selbst kaum erflehen kann – Wie dann? *(Nachdrücklicher, lauter.)* Wie dann, Unglückselige? *(Er hält sie fester, blickt sie eine Weile starr und durchdringend an, dann verlässt er sie schnell.)* Jetzt weiß ich nichts mehr – *(mit aufgehobener Rechte)* stehe dir, Gott Richter! für diese Seele nicht mehr. Tu, was du willst. Bring deinem schlanken Jüngling ein Opfer, dass deine Teufel jauchzen, und deine guten Engel zurücktreten – Zieh hin! Lade alle deine Sünden auf, lade auch diese, die letzte, die entsetzlichste auf, und wenn die Last noch zu leicht ist, so mache mein Fluch das Gewicht vollkommen – Hier ist ein Messer – durchstich dein Herz, und *(indem er laut weinend fortstürzen will)* das Vaterherz!

Luise *(springt auf und eilt ihm nach)* Halt! Halt! O mein Vater! – Dass die Zärtlichkeit noch barbarischer zwingt, als Tyrannenwut! – Was soll ich? Ich kann nicht! Was muss ich tun?

Miller Wenn die Küsse deines Majors heißer brennen als die Tränen deines Vaters – stirb!

Luise *(nach einem qualvollen Kampf mit einiger Festigkeit)* Vater! Hier ist meine Hand! Ich will – Gott! Gott! was tu ich? was will ich? – Vater, ich schwöre – Wehe mir, wehe! Verbrecherin, wohin ich mich neige! – Vater, es sei! – Ferdinand – Gott sieht herab! – So zernicht ich sein letztes Gedächtnis. *(Sie zerreißt ihren Brief.)*

Miller *(stürzt ihr freudetrunken an den Hals)* Das ist meine Tochter! – Blick auf! Um einen Liebhaber bist du leichter, dafür hast du einen glücklichen Vater gemacht. *(Unter Lachen und Weinen sie umarmend.)* Kind! Kind, dass ich den Tag meines Lebens nicht wert war! Gott weiß, wie ich schlechter Mann zu diesem Engel gekommen bin! – Meine Luise, mein Himmelreich! – O Gott! ich verstehe ja wenig vom Lieben, aber dass es eine Qual sein muss, aufzuhören – so was begreif ich noch.

Luise Doch hinweg aus dieser Gegend, mein Vater – Weg von der Stadt, wo meine Gespielinnen meiner spotten, und mein guter Name dahin ist auf immerdar – Weg, weg, weit weg von dem Ort, wo mich so viele Spuren der verlorenen Seligkeit anreden. – Weg, wenn es möglich ist –

Miller Wohin du nur willst, meine Tochter. Das Brot unsers Herrgotts wächst überall, und Ohren wird er auch meiner Geige bescheren. Ja! Lass auch alles dahingehn – Ich setze die Geschichte deines Grams auf die Laute, singe dann ein Lied von der Tochter, die, ihren Vater zu ehren, ihr Herz zerriss – wir betteln mit der Ballade von Türe zu Türe, und das Almosen[1] wird köstlich schmecken von den Händen der Weinenden –

1 (griech.) Spende, Gabe

ZWEITE SZENE

FERDINAND zu den VORIGEN.

Luise *(wird ihn zuerst gewahr, und wirft sich Millern laut schreiend um den Hals)* Gott! Da ist er! Ich bin verloren.

Miller Wo? Wer?

Luise *(zeigt mit abgewandtem Gesicht auf den Major, und drückt sich fester an ihren Vater)* Er! Er selbst! – Seh Er nur um sich, Vater – Mich zu ermorden ist er da.

Miller *(erblickt ihn, fährt zurück)* Was? Sie hier, Baron?

Ferdinand *(kommt langsam näher, bleibt Luisen gegenüber stehn und lässt den starren forschenden Blick auf ihr ruhen, nach einer Pause)* Überraschtes Gewissen, habe Dank! Dein Bekenntnis ist schrecklich, aber schnell und gewiss, und erspart mir die Folterung. – Guten Abend, Miller.

Miller Aber um Gottes willen! Was wollen Sie, Baron? Was führt Sie her? Was soll dieser Überfall?

Ferdinand Ich weiß eine Zeit, wo man den Tag in seine Sekunden zerstückte, wo Sehnsucht nach mir sich an die Gewichte der zögernden Wanduhr hing, und auf den Aderschlag lauerte, unter dem ich erscheinen sollte – Wie kommt's, dass ich jetzt überrasche?

Miller Gehen Sie, gehen Sie, Baron – Wenn noch ein Funke von Menschlichkeit in Ihrem Herzen zurückblieb – Wenn Sie die nicht erwürgen wollen, die Sie zu lieben vorgeben, fliehen Sie, bleiben Sie keinen Augenblick länger. Der Segen war fort aus meiner Hütte, sobald Sie einen Fuß darein setzten – Sie haben das Elend unter mein Dach gerufen, wo sonst nur die Freude zu Hause war. Sind Sie noch nicht zufrieden? Wollen Sie auch in der Wunde noch wühlen, die Ihre unglückliche Bekanntschaft meinem einzigen Kinde schlug?

Ferdinand Wunderlicher Vater, jetzt komm ich ja, deiner Tochter etwas Erfreuliches zu sagen.

Miller Neue Hoffnungen etwa zu einer neuen Verzweiflung? – Geh, Unglücksbote! Dein Gesicht schimpft deine Ware[1].

Ferdinand Endlich ist es erschienen, das Ziel meiner Hoffnungen! Lady Milford, das furchtbarste Hindernis unsrer Liebe, floh diesen Augenblick aus dem Lande. Mein Vater billigt meine Wahl. Das Schicksal lässt nach, uns zu verfolgen. Unsre glücklichen Sterne gehen auf – Ich bin jetzt da, mein gegebenes Wort einzulösen, und meine Braut zum Altar abzuholen.

Miller Hörst du ihn, meine Tochter? Hörst du ihn sein Gespötte mit deinen getäuschten Hoffnungen treiben? O wahrlich, Baron! Es steht dem Verführer so schön, an seinem Verbrechen seinen Witz noch zu kützeln.

Ferdinand Du glaubst, ich scherze. Bei meiner Ehre nicht! Meine Aussage ist wahr, wie die Liebe meiner Luise, und heilig will ich sie halten, wie sie ihre Eide – Ich kenne nichts Heiligers – Noch zweifelst du? Noch kein freudiges Erröten auf den Wangen meiner schönen Gemahlin? Sonderbar! Die Lüge muss hier gangbare Mün-

1 dein Gesichtsausdruck verheißt nichts Gutes

ze[1] sein, wenn die Wahrheit so wenig Glauben findet. Ihr misstraut meinen Worten? So glaubt diesem schriftlichen Zeugnis. *(Er wirft Luisen den Brief an den Marschall zu.)*

Luise *(schlägt ihn auseinander, und sinkt leichenblass nieder)*

Miller *(ohne das zu bemerken, zum Major)* Was soll das bedeuten, Baron? Ich verstehe Sie nicht.

Ferdinand *(führt ihn zu Luisen hin)* Desto besser hat mich diese verstanden!

Miller *(fällt an ihr nieder)* O Gott! meine Tochter!

Ferdinand Bleich wie der Tod! – Jetzt erst gefällt sie mir, deine Tochter! So schön war sie nie, die fromme rechtschaffne Tochter – Mit diesem Leichengesicht – – Der Odem des Weltgerichts, der den Firnis[2] von jeder Lüge streift, hat jetzt die Schminke verblasen, womit die Tausendkünstlerin auch die Engel des Lichts hintergangen hat – Es ist ihr schönstes Gesicht! Es ist ihr erstes wahres Gesicht! Lass mich es küssen. *(Er will auf sie zugehen.)*

Miller Zurück! Weg! Greife nicht an das Vaterherz, Knabe! Vor deinen Liebkosungen konnt' ich sie nicht bewahren, aber ich kann es vor deinen Misshandlungen.

Ferdinand Was willst du, Graukopf? Mit dir hab ich nichts zu schaffen. Menge dich ja nicht in ein Spiel, das so offenbar verloren ist – oder bist du auch vielleicht klüger, als ich dir zugetraut habe? Hast du die Weisheit deiner sechzig Jahre zu den Buhlschaften deiner Tochter

1 übliches Vorgehen
2 (franz.) Gemäldelasierung, *hier* schöner Schein

geborgt, und dies ehrwürdige Haar mit dem Gewerb eines Kupplers geschändet? – O! wenn das nicht ist, unglücklicher alter Mann, lege dich nieder und stirb – Noch ist es Zeit. Noch kannst du in dem süßen Taumel entschlafen: Ich war ein glücklicher Vater! – einen Augenblick später, und du schleuderst die giftige Natter ihrer höllischen Heimat zu, verfluchst das Geschenk und den Geber, und fährst mit der Gotteslästerung in die Grube. *(Zu Luisen.)* Sprich, Unglückselige! Schriebst du diesen Brief?

Miller *(warnend zu Luisen)* Um Gottes willen, Tochter! Vergiss nicht! Vergiss nicht!

Luise O dieser Brief, mein Vater –

Ferdinand Dass er in die unrechte Hände fiel? – Gepriesen sei mir der Zufall, er hat größere Taten getan als die klügelnde Vernunft, und wird besser bestehn an jenem Tag als der Witz aller Weisen – Zufall, sage ich? – O die Vorsehung ist dabei, wenn Sperlinge fallen,[1] warum nicht, wo ein Teufel entlarvt werden soll? – Antwort will ich! – Schriebst du diesen Brief?

Miller *(seitwärts zu ihr mit Beschwörung)* Standhaft! Standhaft, meine Tochter! Nur noch das einzige Ja, und alles ist überwunden.

Ferdinand Lustig! Lustig! Auch der Vater betrogen. Alles betrogen! Nun sieh, wie sie dasteht die Schändliche, und selbst ihre Zunge nun ihrer letzten Lüge den Gehorsam aufkündigt! Schwöre bei Gott! bei dem fürchterlich wahren! Schriebst du diesen Brief?

1 Anspielung auf die Bibel: Mt 10,29

Luise *(nach einem qualvollen Kampf, worin sie durch Blicke mit ihrem Vater gesprochen hat, fest und entscheidend)* Ich schrieb ihn.

Ferdinand *(bleibt erschrocken stehen)* Luise – Nein! So wahr meine Seele lebt! du lügst – Auch die Unschuld bekennt sich auf der Folterbank zu Freveln, die sie nie beging – Ich fragte zu heftig – Nicht wahr, Luise – du bekanntest nur, weil ich zu heftig fragte?

Luise Ich bekannte, was wahr ist.

Ferdinand Nein sag ich! Nein! Nein! Du schriebst nicht. Es ist deine Hand gar nicht – Und wäre sie's, warum sollten Handschriften schwerer nachzumachen sein, als Herzen zu verderben? Rede mir wahr, Luise – oder nein, nein, tu es nicht, du könntest ja sagen und ich wär verloren – Eine Lüge, Luise – eine Lüge – O wenn du jetzt eine wüsstest, mir hinwärfest mit der offenen Engelmiene, nur mein Ohr, nur mein Aug überredetest, dieses Herz auch noch so abscheulich täuschtest – O Luise! Alle Wahrheit möchte dann mit d i e s e m Hauch aus der Schöpfung wandern, und die gute Sache ihren starren Hals von nun an zu einem höfischen Bückling[1] beugen! *(Mit scheuem bebenden Ton.)* Schriebst du diesen Brief?

Luise Bei Gott! Bei dem fürchterlich wahren! Ja!

Ferdinand *(nach einer Pause, im Ausdruck des tiefsten Schmerzens)* Weib! Weib! – Das Gesicht, mit dem du j e t z t vor mir stehst! – Teile mit diesem Gesicht Paradiese aus, du wirst selbst im Reich der Verdammnis kei-

1 Verbeugung, *hier* unterwürfiger Diener

nen Käufer finden – Wusstest du, was du mir warest, Luise? Ohnmöglich! Nein! Du wusstest nicht, dass du mir a l l e s warest! Alles! – Es ist ein armes verächtliches Wort, aber die Ewigkeit hat Mühe, es zu umwandern, Weltsysteme vollenden ihre Bahnen darin – Alles! Und so frevelhaft damit zu spielen – O es ist schrecklich –

Luise Sie haben mein Geständnis, Herr von Walter. Ich habe mich selbst verdammt. Gehen Sie nun! Verlassen Sie ein Haus, wo Sie so unglücklich waren.

Ferdinand Gut! Gut! Ich bin ja ruhig – ruhig, sagt man ja, ist auch der schaudernde Strich Landes, worüber die Pest ging – ich bin's. *(Nach einigem Nachdenken.)* Noch eine Bitte, Luise – die letzte! Mein Kopf brennt so fieberisch. Ich brauche Kühlung – Willst du mir ein Glas Limonade zurechtmachen? *(Luise geht ab.)*

DRITTE SZENE

Ferdinand und Miller.
Beide gehen ohne ein Wort zu reden einige Pausen lang auf den entgegengesetzten Seiten des Zimmers auf und ab.

Miller *(bleibt endlich stehen und betrachtet den Major mit trauriger Miene)* Lieber Baron, kann es Ihren Gram vielleicht mindern, wann ich Ihnen gestehe, dass ich Sie herzlich bedaure?

Ferdinand Lass Er es gut sein, Miller. *(Wieder einige Schritte.)* Miller, ich weiß nur kaum noch, wie ich in Sein Haus kam – Was war die Veranlassung?

Miller Wie, Herr Major? Sie wollten ja Lektion auf der Flöte bei mir nehmen? Das wissen Sie nicht mehr?

Ferdinand *(rasch)* Ich sah Seine Tochter. *(Wiederum einige Pausen.)* Er hat nicht Wort gehalten, Freund. Wir akkordierten[1] R u h e für meine einsame Stunden. Er betrog mich, und verkaufte mir Skorpionen. *(Da er Millers Bewegung sieht.)* Nein! Erschrick nur nicht, alter Mann. *(Gerührt an seinem Hals.)* Du bist nicht schuldig.

Miller *(die Augen wischend)* Das weiß der allwissende Gott!

Ferdinand *(aufs Neue hin und her, in düstres Grübeln versunken)* Seltsam, o unbegreiflich seltsam spielt Gott mit uns. An dünnen unmerkbaren Seilen hängen oft fürchterliche Gewichte – Wüsste der Mensch, dass er an d i e s e m Apfel den Tod essen sollte[2] – hum! – wüsste er das? *(Heftiger auf und nieder, dann Millers Hand mit starker Bewegung fassend.)* Mann! ich bezahle dir dein bisschen Flöte zu teuer – – und du gewinnst nicht einmal – auch du verlierst – verlierst vielleicht alles. *(Gepresst von ihm weggehend.)* Unglückseliges Flötenspiel, das mir nie hätte einfallen sollen.

Miller *(sucht seine Rührung zu verbergen)* Die Limonade bleibt auch gar zu lang außen. Ich denke, ich sehe nach, wenn Sie mir's nicht für übel nehmen –

Ferdinand Es eilt nicht, lieber Miller – *(vor sich hinmurmelnd)* zumal für den Vater nicht – Bleib Er nur – Was

1 (franz.) vereinbarten
2 Anspielung auf den Sündenfall in der Bibel: Genesis 3

hatt ich doch fragen wollen? – Ja! – Ist Luise Seine einzige Tochter? Sonst hat Er keine Kinder mehr?

Miller *(warm)* Habe sonst keins mehr, Baron – wünsch mir auch keins mehr. Das Mädel ist just so recht, mein ganzes Vaterherz einzustecken – hab meine ganze Barschaft von Liebe an der Tochter schon zugesetzt.

Ferdinand *(heftig erschüttert)* Ha! – – Seh Er doch lieber nach dem Trank, guter Miller. *(Miller geht ab.)*

VIERTE SZENE

FERDINAND allein.

Ferdinand Das einzige Kind! – Fühlst du das, Mörder? Das einzige! Mörder! hörst du, das einzige? – Und der Mann hat auf der großen Welt Gottes nichts, als sein Instrument und das einzige – Du willst's ihm rauben? Rauben? – Rauben den letzten Notpfennig einem Bettler? Die Krücke zerbrochen vor die Füße werfen dem Lahmen? Wie? Hab ich auch Brust[1] für das? – – Und wenn er nun heimeilt und nicht erwarten kann, die ganze Summe seiner Freuden vom Gesicht dieser Tochter herunterzuzählen, und hereintritt, und sie daliegt, die Blume – welk – tot – zertreten, mutwillig – die letzte, einzige, unüberschwengliche Hoffnung – Ha! und er dasteht vor ihr, und dasteht, und ihm die ganze Natur den lebendigen Odem anhält, und sein erstarrter Blick die entvölkerte Unendlichkeit fruchtlos durchwandert,

1 *Brust haben:* Mut haben

Gott sucht und Gott nicht mehr finden kann, und leerer zurückkommt – – Gott! Gott! Aber auch mein Vater hat diesen einzigen Sohn – den einzigen Sohn, doch nicht den einzigen Reichtum – *(Nach einer Pause.)* Doch wie? was verliert er denn? Das Mädchen, dem die heiligsten Gefühle der Liebe nur Puppen waren, wird es den Vater glücklich machen können? – Es wird nicht! Es wird nicht! Und ich verdiene noch Dank, dass ich die Natter zertrete, ehe sie auch noch den Vater verwundet.

FÜNFTE SZENE

MILLER, der zurückkommt, und FERDINAND.

Miller Gleich sollen Sie bedient sein, Baron. Draußen sitzt das arme Ding, und will sich zu Tode weinen. Sie wird Ihnen mit der Limonade auch Tränen zu trinken geben.

Ferdinand Und wohl, wenn's nur Tränen wären! – – Weil wir vorhin von der Musik sprachen, Miller – *(Eine Börse ziehend.)* Ich bin noch Sein Schuldner.

Miller Wie? Was? Gehen Sie mir, Baron! Wofür halten Sie mich? Das steht ja in guter Hand, tun Sie mir doch den Schimpf nicht an, und sind wir ja, will's Gott, nicht das letzte Mal beieinander.

Ferdinand Wer kann das wissen? Nehm Er nur. Es ist für Leben und Sterben.

Miller *(lachend)* O deswegen, Baron! Auf den Fall, denk ich, kann man's wagen bei Ihnen.

Ferdinand Man wagte wirklich – Hat Er nie gehört, dass Jünglinge gefallen sind – Mädchen und Jünglinge, die

Kinder der Hoffnung, die Luftschlösser betrogener Väter – Was Wurm und Alter nicht tun, kann oft ein Donnerschlag ausrichten – Auch Seine Luise ist nicht unsterblich.

Miller Ich hab sie von Gott.

Ferdinand Hör Er – Ich sag Ihm, sie ist nicht unsterblich. Diese Tochter ist Sein Augapfel. Er hat sich mit Herz und Seel an diese Tochter gehängt. Sei Er vorsichtig, Miller. Nur ein verzweifelter Spieler setzt alles auf einen einzigen Wurf. Einen Waghals nennt man den Kaufmann, der auf e i n Schiff sein ganzes Vermögen ladet – Hör Er, denk Er der Warnung nach – – Aber warum nimmt Er Sein Geld nicht?

Miller Was, Herr? Die ganze allmächtige Börse? Wohin denken Euer Gnaden?

Ferdinand Auf meine Schuldigkeit – Da! *(Er wirft den Beutel auf den Tisch, dass Goldstücke herausfallen.)* Ich kann den Quark nicht eine Ewigkeit so halten.

Miller *(bestürzt)* Was beim großen Gott? Das klang nicht wie Silbergeld! *(Er tritt zum Tisch und ruft mit Entsetzen.)* Wie um aller Himmel willen, Baron? Baron? Wo sind Sie? Was treiben Sie, Baron? Das nenn ich mir Zerstreuung! *(Mit zusammengeschlagenen Händen.)* Hier liegt ja – oder bin ich verhext, oder – Gott verdamm mich! Da g r e i f ich ja das bare gelbe leibhafte Gottesgold – – Nein, Satanas! Du sollst mich nicht darankriegen!

Ferdinand Hat Er Alten oder Neuen getrunken[1], Miller?

1 gemeint ist alter oder neuer Wein

Miller *(grob)* Donner und Wetter! Da schauen Sie nur hin! – Gold!

Ferdinand Und was nun weiter?

Miller Ins Henkers Namen – ich sage – ich bitte Sie um Gottes Christi willen – Gold!

Ferdinand Das ist nun freilich etwas Merkwürdiges.

Miller *(nach einigem Stillschweigen zu ihm gehend, mit Empfindung)* Gnädiger Herr, ich bin ein schlichter gerader Mann, wenn Sie mich etwa zu einem Bubenstück anspannen wollen – denn so viel Geld lässt sich, weiß Gott, nicht mit etwas Gutem verdienen.

Ferdinand *(bewegt)* Sei Er ganz getrost, lieber Miller. Das Geld hat Er längst verdient, und Gott bewahre mich, dass ich mich mit Seinem guten Gewissen dafür bezahlt machen sollte.

Miller *(wie ein Halbnarr in die Höhe springend)* Mein also! Mein! Mit des guten Gottes Wissen und Willen, mein! *(Nach der Türe laufend, schreiend.)* Weib! Tochter! Viktoria[1]! Herbei! *(Zurückkommend.)* Aber du lieber Himmel! wie komm ich denn so auf einmal zu dem ganzen grausamen Reichtum? Wie verdien ich ihn? Lohn ich ihn? He?

Ferdinand Nicht mit Seinen Musikstunden, Miller – Mit dem Geld hier bezahl ich Ihm, *(von Schauern ergriffen hält er inne)* bezahl ich Ihm *(nach einer Pause mit Wehmut)* den drei Monat langen glücklichen Traum von Seiner Tochter.

1 (lat.) Sieg / Liebesgöttin, *hier* Ausruf der Freude

Miller *(fasst seine Hand, die er stark drückt)* Gnädiger Herr! Wären Sie ein schlechter, geringer Bürgersmann – *(rasch)* und mein Mädel liebte Sie nicht – Erstechen wollt ich's, das Mädel. *(Wieder beim Geld, darauf niedergeschlagen.)* Aber da hab ich ja nun alles, und Sie nichts, und da werd ich nun das ganze Gaudium[1] wieder herausblechen müssen? He?

Ferdinand Lass Er sich das nicht anfechten[2], Freund – Ich reise ab, und in dem Land, wo ich mich zu setzen gedenke, gelten die Stempel[3] nicht.

Miller *(unterdessen mit unverwandten Augen auf das Gold hingeheftet, voll Entzückung)* Bleibt's also mein? Bleibt's? – Aber das tut mir nur leid, dass Sie verreisen – Und wart, was ich jetzt auftreten will! Wie ich die Backen jetzt voll nehmen will! *(Er setzt den Hut auf, und schießt durch das Zimmer.)* Und auf dem Markt will ich meine Musikstunden geben, und Numero fünfe[4] Dreikönig rauchen, und wenn ich wieder auf den Dreibatzenplatz[5] sitze, soll mich der Teufel holen. *(Will fort.)*

Ferdinand Bleib Er! Schweig Er! und streich Er Sein Geld ein. *(Nachdrücklich.)* Nur diesen Abend noch schweig Er, und geb Er, mir zu Gefallen, von nun an keine Musikstunden mehr.

Miller *(noch hitziger, und ihn hart an der Weste fassend, voll inniger Freude)* Und Herr! meine Tochter! *(Ihn wieder*

1 (lat.) Freude
2 sich nicht beunruhigen lassen
3 *hier* Währung, Münzprägung
4 teure Tabaksorte
5 billigster Platz im Theater

loslassend.) Geld macht den Mann nicht – Geld nicht – Ich habe Kartoffeln gegessen oder ein wildes Huhn; satt ist satt, und dieser Rock da ist ewig gut, wenn Gottes liebe Sonne nicht durch den Ärmel scheint – Für mich ist das Plunder[1] – Aber dem Mädel soll der Segen bekommen, was ich ihr an den Augen absehen kann, soll sie haben –

Ferdinand *(fällt rasch ein)* Stille, o stille –

Miller *(immer feuriger)* Und soll mir Französisch lernen aus dem Fundament, und Menuettanzen[2] und Singen, dass man's in den Zeitungen lesen soll; und eine Haube soll sie tragen wie die Hofratstöchter, und einen Kidebarri[3], wie sie's heißen, und von der Geigerstochter soll man reden auf vier Meilen weit –

Ferdinand *(ergreift seine Hand mit der schrecklichsten Bewegung)* Nichts mehr! Nichts mehr! Um Gottes willen, schweig Er still! Nur noch h e u t e schweig Er still, das sei der einzige Dank, den ich von Ihm fordre.

SECHSTE SZENE

LUISE mit der Limonade und die VORIGEN.

Luise *(mit rotgeweinten Augen, und zitternder Stimme, indem sie dem Major das Glas auf einem Teller bringt)* Sie befehlen, wenn sie nicht stark genug ist?

1 wertloses Zeug
2 höfischer Gesellschaftstanz aus Frankreich
3 (franz.) Cul de Paris, Kissen, das unter dem Rock getragen wurde

Ferdinand *(nimmt das Glas, setzt es nieder, und dreht sich rasch gegen Millern)* O beinahe hätt ich das vergessen! – Darf ich Ihn um etwas bitten, lieber Miller? Will Er mir einen kleinen Gefallen tun?

Miller Tausend für einen! Was befehlen – –

Ferdinand Man wird mich bei der Tafel erwarten. Zum Unglück hab ich eine sehr böse Laune. Es ist mir ganz unmöglich, unter Menschen zu gehn – Will Er einen Gang tun zu meinem Vater und mich entschuldigen?

Luise *(erschrickt und fällt schnell ein)* Den Gang kann ja ich tun.

Miller Zum Präsidenten?

Ferdinand Nicht zu ihm selbst. Er übergibt Seinen Auftrag in der Garderobe einem Kammerdiener – Zu Seiner Legitimation[1] ist hier meine Uhr – Ich bin noch da, wenn Er wiederkommt. – Er wartet auf Antwort.

Luise *(sehr ängstlich)* Kann denn ich das nicht auch besorgen?

Ferdinand *(zu Millern, der eben fort will)* Halt, und noch etwas! Hier ist ein Brief an meinen Vater, der diesen Abend an mich eingeschlossen kam – Vielleicht dringende Geschäfte – Es geht in e i n e r Bestellung hin –

Miller Schon gut, Baron!

Luise *(hängt sich an ihn, in der entsetzlichsten Bangigkeit)* Aber mein Vater, dies alles könnt ich ja recht gut besorgen.

1 Beglaubigung, *hier* auch Ausweis

Miller Du bist allein, und es ist finstre Nacht, meine Tochter. *(Ab.)*

Ferdinand Leuchte deinem Vater, Luise. *(Während dem, dass sie Millern mit dem Licht begleitet, tritt er zum Tisch, und wirft Gift in ein Glas Limonade.)* Ja! Sie soll dran! Sie soll! Die obern Mächte nicken mir ihr schreckliches Ja herunter, die Rache des Himmels unterschreibt, ihr guter Engel lässt sie fahren –

SIEBENTE SZENE

FERDINAND und LUISE.

Sie kommt langsam mit dem Lichte zurück, setzt es nieder, und stellt sich auf die entgegengesetzte Seite vom Major, das Gesicht auf den Boden geschlagen, und nur zuweilen furchtsam und verstohlen nach ihm herüberschielend. Er steht auf der andern Seite, und sieht starr vor sich hinaus.

Großes Stillschweigen, das diesen Auftritt ankündigen muss.

Luise Wollen Sie mich akkompagnieren[1], Herr von Walter, so mach ich einen Gang auf dem Fortepiano[2]. *(Sie öffnet den Pantalon[3].)*

(Ferdinand gibt ihr keine Antwort. Pause.)

Luise Sie sind mir auch noch Revanche auf dem Schachbrett schuldig. Wollen wir eine Partie, Herr von Walter?

1 (franz.) (musikalisch) begleiten
2 (veraltet) Klavier
3 nach dem deutschen Musiker Pantaleon benanntes Klöppelklavier / Hackbrett

(Eine neue Pause.)

Luise Herr von Walter, die Brieftasche, die ich Ihnen einmal zu sticken versprochen – Ich habe sie angefangen – Wollen Sie das Dessin[1] nicht besehen?

(Wieder eine Pause.)

Luise O ich bin sehr elend!

Ferdinand *(in der bisherigen Stellung)* Das könnte wahr sein.

Luise Meine Schuld ist es nicht, Herr von Walter, dass Sie so schlecht unterhalten werden.

Ferdinand *(lacht beleidigend vor sich hin)* Denn was kannst du für meine blöde Bescheidenheit?

Luise Ich hab es ja wohl gewusst, dass wir jetzt nicht zusammen taugen. Ich erschrak auch gleich, ich bekenne es, als Sie meinen Vater verschickten – Herr von Walter, ich vermute, dieser Augenblick wird uns beiden gleich unerträglich sein – Wenn Sie mir's erlauben wollen, so geh ich, und bitte einige von meinen Bekannten her.

Ferdinand O ja doch, das tu. Ich will auch gleich gehn, und von den meinigen bitten.

Luise *(sieht ihn stutzend an)* Herr von Walter?

Ferdinand *(sehr hämisch)* Bei meiner Ehre! der gescheiteste Einfall, den ein Mensch in dieser Lage nur haben kann. Wir machen aus diesem verdrüsslichen Duett eine Lustbarkeit, und rächen uns mit Hilfe gewisser Galanterien[2] an den Grillen der Liebe.

1 Strickmuster
2 Launen

Luise Sie sind aufgeräumt, Herr von Walter?

Ferdinand Ganz außerordentlich, um die Knaben auf dem Markt hinter mir herzujagen! Nein! in Wahrheit, Luise. Dein Beispiel bekehrt mich – Du sollst meine Lehrerin sein. Toren sind's, die von ewiger Liebe schwatzen, ewiges Einerlei widersteht, Veränderung nur ist das Salz des Vergnügens – Topp, Luise! Ich bin dabei – Wir hüpfen von Roman zu Romane[1], wälzen uns von Schlamme zu Schlamm – du dahin – ich dorthin – Vielleicht, dass meine verlorene Ruhe sich in einem Bordell wiederfinden lässt – Vielleicht, dass wir dann nach dem lustigen Wettlauf, zwei modernde Gerippe, mit der angenehmsten Überraschung von der Welt zum zweiten Mal aufeinander stoßen, dass wir uns da an dem gemeinschaftlichen Familienzug, den kein Kind dieser Mutter verleugnet, wie in Komödien wiedererkennen, dass Ekel und Scham noch eine Harmonie veranstalten, die der zärtlichsten Liebe unmöglich gewesen ist.

Luise O Jüngling! Jüngling! Unglücklich bist du schon, willst du es auch noch verdienen?

Ferdinand *(ergrimmt durch die Zähne murmelnd)* Unglücklich bin ich? Wer hat dir das gesagt? Weib, du bist zu schlecht, um selbst zu empfinden – womit kannst du eines andern Empfindungen wägen? – Unglücklich, sagte sie? – Ha! dieses Wort könnte meine Wut aus dem Grabe rufen! – Unglücklich musst ich werden, das wusste sie. Tod und Verdammnis! das wusste sie und hat mich dennoch verraten – Siehe, Schlange! Das war der

1 von einer Liebesgeschichte zur nächsten

einzige Fleck der Vergebung – Deine Aussage bricht dir den Hals – Bis jetzt konnt ich deinen Frevel mit deiner Einfalt beschönigen, in meiner Verachtung wärst du beinahe meiner Rache entsprungen. *(Indem er hastig das Glas ergreift.)* Also leichtsinnig warst du nicht – dumm warst du nicht – du warst nur ein Teufel. *(Er trinkt.)* Die Limonade ist matt, wie deine Seele – Versuche!

Luise O Himmel! Nicht umsonst hab ich diesen Auftritt gefürchtet.

Ferdinand *(gebieterisch)* Versuche!

Luise *(nimmt das Glas etwas unwillig und trinkt)*

Ferdinand *(wendet sich, sobald sie das Glas an den Mund setzt, mit einer plötzlichen Erblassung weg, und eilt nach dem hintersten Winkel des Zimmers)*

Luise Die Limonade ist gut.

Ferdinand *(ohne sich umzukehren, von Schauer geschüttelt)* Wohl bekomm's!

Luise *(nachdem sie es niedergesetzt)* O wenn Sie wüssten, Walter, wie ungeheuer Sie meine Seele beleidigen.

Ferdinand Hum!

Luise Es wird eine Zeit kommen, Walter –

Ferdinand *(wieder vorwärtskommend)* O! Mit der Zeit wären wir fertig.

Luise Wo der heutige Abend schwer auf Ihr Herz fallen dürfte –

Ferdinand *(fängt an stärker zu gehen, und beunruhigter zu werden, indem er Schärpe und Degen von sich wirft)* Gute Nacht, Herrendienst![1]

Luise Mein Gott! Wie wird Ihnen?

Ferdinand Heiß und enge – will mir's bequemer machen.

Luise Trinken Sie! Trinken Sie! Der Trank wird Sie kühlen.

Ferdinand Das wird er auch ganz gewiss – Die Metze ist gutherzig, doch! das sind alle!

Luise *(mit dem vollen Ausdruck der Liebe ihm in die Arme eilend)* Das deiner Luise, Ferdinand?

Ferdinand *(drückt sie von sich)* Fort! Fort! Diese sanfte schmelzende Augen weg! Ich erliege. Komm in deiner ungeheuren Furchtbarkeit, Schlange, spring an mir auf, Wurm – krame vor mir deine grässliche Knoten aus, bäume deine Wirbel zum Himmel – So abscheulich als dich jemals der Abgrund sah – Nur keinen Engel mehr – Nur jetzt keinen Engel mehr – es ist zu spät – Ich muss dich zertreten, wie eine Natter, oder verzweifeln – Erbarme dich!

Luise O! Dass es so weit kommen musste!

Ferdinand *(sie von der Seite betrachtend)* Dieses schöne Werk des himmlischen Bildners – Wer kann das glauben? – Wer sollte das glauben? *(Ihre Hand fassend und emporhaltend.)* Ich will dich nicht zur Rede stellen, Gott Schöpfer – aber warum denn dein Gift in so schönen Gefäßen? – – Kann das Laster in diesem milden Himmelstrich fortkommen? – O es ist seltsam.

1 Das Ablegen von Schärpe und Degen gilt als Zeichen für die Aufkündigung des Militärdienstes.

Luise Das anzuhören, und schweigen zu müssen!

Ferdinand Und die süße melodische Stimme – Wie kann so viel Wohlklang kommen aus zerrissenen Saiten? *(Mit trunkenem Aug auf ihrem Anblick verweilend.)* Alles so schön – so voll Ebenmaß – so göttlich vollkommen! – Überall das Werk seiner himmlischen Schäferstunde! Bei Gott! als wäre die große Welt nur entstanden, den Schöpfer für dieses Meisterstück in Laune zu setzen! – – Und nur in der Seele sollte Gott sich vergriffen haben? Ist es möglich, dass diese empörende Missgeburt in die Natur ohne Tadel kam? *(Indem er sie schnell verlässt.)* Oder sah er einen Engel unter dem Meißel hervorgehen, und half diesem Irrtum in der Eile mit einem desto schlechteren Herzen ab?

Luise O des frevelhaften Eigensinns! Ehe er sich eine Übereilung gestände, greift er lieber den Himmel an.

Ferdinand *(stürzt ihr heftig weinend an den Hals)* Noch einmal, Luise – Noch einmal, wie am Tag unsers ersten Kusses, da du Ferdinand stammeltest, und das erste Du auf deine brennende Lippen trat – O eine Saat unendlicher, unaussprechlicher Freuden schien in dem Augenblick wie in der Knospe zu liegen – Da lag die Ewigkeit wie ein schöner Maitag vor unsern Augen; goldne Jahrtausende hüpften, wie Bräute, vor unsrer Seele vorbei – – Da war ich der Glückliche! – O Luise! Luise! Luise! Warum hast du mir das getan?

Luise Weinen Sie, weinen Sie, Walter. Ihre Wehmut wird gerechter gegen mich sein, als Ihre Entrüstung.

Ferdinand Du betrügst dich. Das sind ihre Tränen nicht – nicht jener warme wollüstige Tau, der in die Wunde der Seele balsamisch fließt, und das starre Rad der Empfindung wieder in Gang bringt. Es sind einzelne – kalte Tropfen – das schauerliche ewige Lebewohl meiner Liebe. *(Furchtbar-feierlich, indem er die Hand auf ihren Kopf sinken lässt.)* Tränen um deine Seele, Luise – Tränen um die Gottheit, die ihres unendlichen Wohlwollens hier verfehlte, die so mutwillig um das herrlichste ihrer Werke kommt – O mich deucht, die ganze Schöpfung sollte den Flor[1] anlegen, und über das Beispiel betreten sein, das in ihrer Mitte geschieht – Es ist was Gemeines[2], dass Menschen fallen, und Paradiese verloren werden; aber wenn die Pest unter Engel wütet, so rufe man Trauer aus durch die ganze Natur.

Luise Treiben Sie mich nicht aufs Äußerste, Walter. Ich habe Seelenstärke so gut wie eine – aber sie muss auf eine menschliche Probe kommen. Walter, das Wort noch, und dann geschieden – – Ein entsetzliches Schicksal hat die Sprache unsrer Herzen verwirrt. Dürft ich den Mund auftun, Walter, ich könnte dir Dinge sagen – ich könnte – – aber das harte Verhängnis band meine Zunge, wie meine Liebe, und dulden muss ich's, wenn du mich wie eine gemeine Metze misshandelst.

Ferdinand Fühlst du dich wohl, Luise?

Luise Wozu diese Frage?

Ferdinand Sonst sollte mir's leid um dich tun, wenn du mit dieser Lüge von hinnen müsstest.

Luise Ich beschwöre Sie, Walter –

1 (franz.) (musikalisch) begleiten
2 Gewöhnliches, Normales

Ferdinand *(unter heftigen Bewegungen)* Nein! Nein! zu satanisch wäre diese Rache! Nein, Gott bewahre mich! in jene Welt hinaus will ich's nicht treiben – Luise! Hast du den Marschall geliebt? Du wirst nicht mehr aus diesem Zimmer gehen.

Luise Fragen Sie, was Sie wollen. Ich antworte nichts mehr. *(Sie setzt sich nieder.)*

Ferdinand *(ernster)* Sorge für deine unsterbliche Seele, Luise! – Hast du den Marschall geliebt? Du wirst nicht mehr aus diesem Zimmer gehen.

Luise Ich antworte nichts mehr.

Ferdinand *(fällt in fürchterlicher Bewegung vor ihr nieder)* Luise! Hast du den Marschall geliebt? Ehe dieses Licht noch ausbrennt – stehst du – vor Gott!

Luise *(fährt erschrocken in die Höhe)* Jesus! Was ist das? – – – – und mir wird sehr übel. *(Sie sinkt auf den Sessel zurück.)*

Ferdinand Schon? – Über euch Weiber und das ewige Rätsel! Die zärtliche Nerve hält Freveln fest[1], die die Menschheit an ihren Wurzeln zernagen; ein elender Gran Arsenik[2] wirft sie um –

Luise Gift! Gift! O mein Herrgott!

Ferdinand So fürcht ich. Deine Limonade war in der Hölle gewürzt. Du hast sie dem Tod zugetrunken.

Luise Sterben! Sterben! – Gott, Allbarmherziger! Gift in der Limonade und sterben! O meiner Seele erbarme dich, Gott der Erbarmer!

1 *festhalten: hier im Sinne von* standhalten
2 (griech.) Arsen, Gift

Ferdinand Das ist die Hauptsache. Ich bitt ihn auch darum.

Luise Und meine Mutter – mein Vater – Heiland der Welt! mein armer verlorener Vater! Ist keine Rettung mehr? Mein junges Leben und keine Rettung! und muss ich jetzt schon dahin?

Ferdinand Keine Rettung, musst jetzt schon dahin – aber sei ruhig. Wir machen die Reise zusammen.

Luise Ferdinand, auch du! Gift, Ferdinand! Von dir? O Gott, vergiss es ihm – Gott der Gnade, nimm die Sünde von ihm –

Ferdinand Sieh du nach d e i n e n Rechnungen – Ich fürchte, sie stehen übel.

Luise Ferdinand! Ferdinand! – O – Nun kann ich nicht mehr schweigen – der Tod – der Tod hebt alle Eide auf – Ferdinand – Himmel und Erde hat nichts Unglückseligers als dich – Ich sterbe unschuldig, Ferdinand.

Ferdinand *(erschrocken)* Was sagt sie da? – Eine Lüge pflegt man doch sonst nicht auf d i e s e Reise zu nehmen?

Luise Ich lüge nicht – lüge nicht – hab nur e i n m a l gelogen mein Leben lang – Huh! Wie das eiskalt durch meine Adern schauert – – als ich den Brief schrieb an den Hofmarschall –

Ferdinand Ha! dieser Brief! – Gottlob! Jetzt hab ich all meine Mannheit wieder.

Luise *(ihre Zunge wird schwerer, ihre Finger fangen an gichterisch[1] zu zucken)* Dieser Brief – Fasse dich, ein

1 verkrampft

entsetzliches Wort zu hören – Meine Hand schrieb, was mein Herz verdammte – dein Vater hat ihn diktiert.

Ferdinand *(starr und einer Bildsäule gleich, in langer toter Pause hingewurzelt, fällt endlich wie von einem Donnerschlag nieder)*

Luise O des kläglichen Missverstands – Ferdinand – Man zwang mich – vergib – deine Luise hätte den Tod vorgezogen – aber mein Vater – die Gefahr – sie machten es listig.

Ferdinand *(schrecklich emporgeworfen)* Gelobet sei Gott! Noch spür ich den Gift nicht. *(Er reißt den Degen heraus.)*

Luise *(von Schwäche zu Schwäche sinkend)* Weh! Was beginnst du? Es ist dein Vater –

Ferdinand *(im Ausdruck der unbändigsten Wut)* Mörder und Mördervater! – M i t muss er, dass der Richter der Welt nur gegen den Schuldigen rase. *(Will hinaus.)*

Luise Sterbend vergab mein Erlöser – Heil über dich und ihn. *(Sie stirbt.)*

Ferdinand *(kehrt schnell um, wird ihre letzte sterbende Bewegung gewahr und fällt in Schmerz aufgelöst vor der Toten nieder)* Halt! Halt! Entspringe mir nicht, Engel des Himmels! *(Er fasst ihre Hand an, und lässt sie schnell wieder fallen.)* Kalt, kalt und feucht! Ihre Seele ist dahin. *(Er springt wieder auf.)* Gott meiner Luise! Gnade! Gnade dem verruchtesten der Mörder! Es war ihr letztes Gebet! – – Wie reizend und schön auch im Leichnam! Der gerührte Würger[1] ging schonend über diese freund-

1 *hier* Tod

liche Wangen hin – Diese Sanftmut war keine Larve[1] – sie hat auch dem Tod standgehalten. *(Nach einer Pause.)* Aber wie? Warum fühl ich nichts? Will die Kraft meiner Jugend mich retten? Undankbare Mühe! Das ist meine Meinung nicht. *(Er greift nach dem Glase.)*

LETZTE SZENE

FERDINAND. Der PRÄSIDENT. WURM und BEDIENTE, welche alle voll Schrecken ins Zimmer stürzen, darauf MILLER mit VOLK und GERICHTSDIENERN, welche sich im Hintergrund sammeln.

Präsident *(den Brief in der Hand)* Sohn, was ist das? – Ich will doch nimmermehr glauben –

Ferdinand *(wirft ihm das Glas vor die Füße)* So sieh, Mörder!

Präsident *(taumelt hinter sich. Alle erstarren. Eine schröckhafte Pause)* Mein Sohn! Warum hast du mir das getan?

Ferdinand *(ohne ihn anzusehen)* O ja freilich! Ich hätte den Staatsmann erst hören sollen, ob der Streich auch zu seinen Karten passe? – Fein und bewundernswert, ich gesteh's, war die Finte[2], den Bund unsrer Herzen zu zerreißen durch Eifersucht – Die Rechnung hatte ein Meister gemacht, aber schade nur, dass die zürnende Liebe dem Draht nicht so gehorsam blieb, wie deine hölzerne Puppe.

1 *hier* Maske
2 Täuschung, List

Präsident *(sucht mit verdrehten Augen im ganzen Kreis herum)* Ist hier niemand, der um einen trostlosen Vater weinte?

Miller *(hinter der Szene rufend)* Lasst mich hinein! Um Gottes willen! Lasst mich!

Ferdinand Das Mädchen ist eine Heilige – für sie muss ein anderer rechten. *(Er öffnet Millern die Türe, der mit Volk und Gerichtsdienern hereinstürzt.)*

Miller *(in der fürchterlichsten Angst)* Mein Kind! Mein Kind! – Gift – Gift, schreit man, sei hier genommen worden – Meine Tochter! Wo bist du?

Ferdinand *(führt ihn zwischen den Präsidenten und Luisens Leiche)* Ich bin unschuldig – Danke diesem hier.

Miller *(fällt an ihr zu Boden)* O Jesus!

Ferdinand In wenig Worten, Vater – sie fangen an mir kostbar zu werden – Ich bin bübisch um mein Leben bestohlen, bestohlen durch Sie. Wie ich mit Gott stehe, zittre ich – doch ein Bösewicht bin ich niemals gewesen. Mein ewiges Los falle, wie es will – auf Sie fall es nicht – Aber ich hab einen Mord begangen, *(mit furchtbar erhobener Stimme)* einen Mord, den du mir nicht zumuten wirst, allein vor den Richter der Welt hinzuschleppen, feierlich wälz ich dir hier die größte grässlichste Hälfte zu, wie du damit zurechtkommen magst, siehe du selber. *(Zu Luisen ihn hinführend.)* Hier, Barbar! weide dich an der entsetzlichen Frucht deines Witzes, auf dieses Gesicht ist mit Verzerrungen dein Name geschrieben, und die Würgengel werden ihn lesen – Eine Gestalt, wie diese, ziehe den Vorhang von deinem Bette, wenn du schläfst, und gebe dir ihre eiskalte Hand –

Eine Gestalt, wie diese, stehe vor deiner Seele, wenn du stirbst, und dränge dein letztes Gebet weg. – Eine Gestalt, wie diese, stehe auf deinem Grabe, wenn du auferstehst – und neben Gott, wenn er dich richtet. *(Er wird ohnmächtig, Bediente halten ihn.)*

Präsident *(eine schreckliche Bewegung des Arms gegen den Himmel)* Von mir nicht, von mir nicht, Richter der Welt, fodre diese Seelen von diesem! *(Er geht auf Wurm zu.)*

Wurm *(auffahrend)* Von mir?

Präsident Verfluchter, von dir! Von dir, Satan! – Du, du gabst den Schlangenrat – Über dich die Verantwortung – Ich wasche die Hände.

Wurm Über mich? *(Er fängt grässlich an zu lachen.)* Lustig! Lustig! So weiß ich doch nun auch, auf was Art sich die Teufel danken. – Über mich, dummer Bösewicht? War es mein Sohn? War ich dein Gebieter? – Über mich die Verantwortung? Ha! bei diesem Anblick, der alles Mark in meinen Gebeinen erkältet! Über mich soll sie kommen! – Jetzt will ich verloren sein, aber du sollst es mit mir sein – Auf! Auf! Ruft Mord durch die Gassen! Weckt die Justiz auf! Gerichtsdiener, bindet mich! Führt mich von hinnen! Ich will Geheimnisse aufdecken, dass denen, die sie hören, die Haut schauern soll. *(Will gehn.)*

Präsident *(hält ihn)* Du wirst doch nicht, Rasender?

Wurm *(klopft ihn auf die Schultern)* Ich werde, Kamerad! Ich werde – Rasend bin ich, das ist wahr – das ist dein Werk – so will ich auch jetzt handeln wie ein Rasender – Arm in Arm mit dir zum Blutgerüst! Arm in Arm mit dir zur Hölle! Es soll mich kitzeln, Bube, mit dir verdammt zu sein. *(Er wird abgeführt.)*

Miller *(der die ganze Zeit über, den Kopf in Luisens Schoß gesunken, in stummem Schmerze gelegen hat, steht schnell auf und wirft dem Major die Börse vor die Füße)* Giftmischer! Behalt dein verfluchtes Gold! – Wolltest du mir mein Kind damit abkaufen? *(Er stürzt aus dem Zimmer.)*

Ferdinand *(mit brechender Stimme)* Geht ihm nach! Er verzweifelt – Das Geld hier soll man ihm retten – Es ist meine fürchterliche Erkenntlichkeit. Luise – Luise – Ich komme – – Lebt wohl – – Lasst mich an diesem Altar verscheiden –

Präsident *(aus einer dumpfen Betäubung, zu seinem Sohn)* Sohn Ferdinand! Soll kein Blick mehr auf einen zerschmetterten Vater fallen?

(Der Major wird neben Luisen niedergelassen.)

Ferdinand Gott dem Erbarmenden gehört dieser letzte.

Präsident *(in der schrecklichsten Qual vor ihm niederfallend)* Geschöpf und Schöpfer verlassen mich – Soll kein Blick mehr zu meiner letzten Erquickung fallen?

Ferdinand *(reicht ihm seine sterbende Hand)*

Präsident *(steht schnell auf)* Er vergab mir! *(Zu den andern.)* Jetzt euer Gefangener! *(Er geht ab, Gerichtsdiener folgen ihm, der Vorhang fällt.)*

MATERIAL ZU

Friedrich Schiller

Kabale und Liebe

1 Biografischer Hintergrund

Material 1: Friedrich Schiller (10.11.1759–9.5.1805)

Die Abhängigkeit des bürgerlichen Untertans vom Willen des feudalen Herrschers war eine Lebenserfahrung, die Schillers Kindheit und Jugend nachhaltig beeinflusste. Schon durch den Beruf seines Vaters, der als Offizier dem württembergischen Herzog diente, erlebte er, wie die anbefohlenen wechselnden Stationierungen, u. a. in Würzburg, Cannstatt und Ludwigsburg, eine ständige Veränderung des Wohnsitzes einforderten. Schmerzhaft für ihn fühlbar wurde diese Erfahrung schließlich, als er nach dem Abschluss der Lateinschule in Ludwigsburg eigentlich Theologie studieren wollte, aber auf ausdrücklichen Befehl des Herzogs ab 1773 die sogenannte Militär-Pflanzschule (später Karlsschule genannt) in Stuttgart zu besuchen hatte. Die hier herrschende militärische Disziplin und die strikten Vorschriften konnte Schiller nur schwer ertragen. Er studierte zunächst Jura, ab 1775 Medizin und schloss das Studium mit dem Doktorexamen 1780 ab. Danach arbeitete er, weiterhin auf Geheiß des Herzogs, bei einem in Stuttgart stationierten Regiment.

Fast zwangsläufig ergab sich von diesen Lebenserfahrungen her der Wunsch nach Auflehnung. All seine Kritik an Herrscher, Staat und Gesellschaft entlud sich in seinem ersten Schauspiel *Die Räuber,* in dem er die Sturm-und-Drang-Dramatik zu einem neuen Höhepunkt steigerte und dem bei seiner Erstaufführung 1782 in Mannheim großer Erfolg beschieden war. Schiller war heimlich zu dieser Uraufführung (d. h. außerhalb der Landesgrenzen) gereist, jedoch gesehen worden. Der über das Stück und Schillers Unbotmäßigkeit erboste Herzog verbot ihm jede weitere literarische Tätigkeit und bestrafte ihn mit Arrest. Schiller floh noch im gleichen Jahr nach Mannheim, wo er sein schon fertiges zweites Stück *Die Verschwörung des Fiesko zu Genua* vorlas, dessen Uraufführung 1783 aber nicht sonderlich erfolgreich war. Schiller hatte unterdessen Mannheim schon wieder verlassen, da er Verfolgungen aus Württemberg fürchtete. Dankbar hatte er ein Angebot angenommen, sich auf dem Gut Bauerbach bei Meiningen (Thüringen) für einige Zeit – unter dem falschen Namen Dr. Ritter – aufhalten zu dürfen. Hier arbeitete er am Trauerspiel *Luise Millerin,* das später werbewirksamer *Kabale und Liebe* genannt wurde, und am *Don Carlos.* 1783 kehrte Schiller nach Mannheim zurück und erhielt dort eine Anstellung als Theaterdichter, die allerdings seine finanziellen Sorgen kaum lindern konnte. Unter anderem aufgrund der überaus erfolgreichen Aufführung von *Kabale und Liebe* fand er allerdings in Mannheim „Sponsoren", so dass er – ab 1785 in Leipzig und Dresden – sorglos arbeiten, sich aber auch weiter bemühen konnte, eine passende Frau zu finden. 1787 erschien das Schauspiel *Don Carlos,* das zur Zeit der spanischen Vorherrschaft und der niederländischen Freiheitsbestrebungen im 16. Jahrhundert spielt. Diese literarische Beschäftigung mit Geschichte verband sich mit historischer Forschung und führte zur Publikation der Abhandlung *Die Geschichte des Abfalls der Vereinigten Niederlande von der spanischen Regierung.*

1787 siedelte Schiller noch nach Weimar um, wo er von den dort im Umkreis des kulturell engagierten Herzogs inzwischen lebenden Persönlichkeiten deutschen Geisteslebens freundlich aufgenommen wurde. Seine wissenschaftliche Beschäftigung mit Geschichte kam Schiller nun zugute und ermöglichte ihm 1789 an der benachbarten Universität Jena eine Geschichtsprofessur und damit ein regelmäßiges Einkommen zu erhalten. Schiller heiratete nun die lange verehrte Charlotte von Lengefeld und lebte in Jena.

Eine schwere Erkrankung führte schon 1791 zur Unterbrechung, 1793 dann zum Ende seiner Universitätstätigkeit. Durch Stipendien blieb zwar die wirtschaftliche Existenz Schillers und seiner Familie gesichert, doch die Lungenentzündung, die sich in Folgejahren bis zu seinem Tod immer mehr verschlimmerte, beeinträchtigte sein Leben und sein literarisches Arbeiten.

Aus der Beschäftigung mit der Philosophie ging Schillers philosophisch-ästhetische Schrift *Über Anmut und Würde* (1793) hervor, in der er sich mit dem moralischen Verhalten des Menschen befasst. In seinen *Briefen über die ästhetische Erziehung des Menschen* (1795) misst er dem künstlerischen Werk für das moralische Handeln des Menschen großen Wert bei – eine Leitvorstellung der Klassik.

Über Pläne zur Gründung einer Zeitschrift *(Die Horen)* ergab sich 1794 ein näherer Kontakt zu Goethe, der bald in enge Freundschaft mündete. Die folgenden gut zehn Jahre ständigen persönlichen und künstlerischen Austausches zwischen den beiden Dichtern machen das Zentrum der deutschen Klassik aus. Schiller reflektiert im Aufsatz *Über naive und sentimentalische Dichtung* (1795) die eigene und Goethes Art der Dichtung aus geschichtsphilosophischer Sicht vom Hintergrund der griechischen Antike her.

Durch den Einfluss Goethes wandte Schiller sich wieder der Dichtung zu: Es entstehen seine berühmten Balladen, z. B. *Der Ring des Polykrates, Die Bürgschaft* und *Die Kraniche des Ibykus,* die Vorstellungen beispielhaften sittlichen Handelns einprägsam darstellen. Die *Xenien,* die er 1797 zusammen mit Goethe schrieb, sind spöttisch-kritische Verse, mit denen v. a. triviales und banales Denken und Dichten und der anspruchslose Geschmack derjenigen aufs Korn genommen wurde, die beider Position nicht teilten.

In seinen letzten Lebensjahren wandte sich Schiller wieder fast ganz dem Theater zu. Seine wissenschaftliche Beschäftigung mit dem Dreißigjährigen Krieg fand nun seine dramatische Umsetzung, indem er im *Wallenstein* (1799) diese historische Figur und ihre Situation thematisierte. Im gleichen Jahr zog er endgültig nach Weimar, um den Kontakt mit Goethe zu erleichtern. Auch in den folgenden Dramen blieb er bei der Gestaltung historischer Vorlagen; fast jährlich erschien jetzt ein neues Stück: 1800 *Maria Stuart,* 1801 *Die Jungfrau von Orleans,* 1803 *Die Braut von Messina* und 1804 *Wilhelm Tell.* Daneben beschäftigte er sich mit Übersetzungen und Bearbeitungen anderer Schauspiele für das Weimarer Theater.

Die Verleihung des Adelstitels 1802 bedeutete Schiller, der sich tief in seine literarischen Arbeiten versenkt hatte, wenig. Er starb im Mai 1805 an einer Lungenentzündung.

Nach: Hartmut v. d. Heyde: Autoren und Werke. Stark 2000.

Material 2: Die Festsetzung Christian Fr. D. Schubarts durch den Herzog Carl Eugen

Seit 1729 bestand dort[1] eine allgemeine Schriftenzensur, die bisweilen noch durch eine Nachzensur der obersten Regierungsstelle verschärft ward. Unter Karl Eugen erreichte die Willkür in diesem, wie in anderen Punkten, ihren Gipfel. [...] [D]as Furchtbarste von allem – an Willkür und Grausamkeit ohne Gleichen selbst in jener, an solchen Beispielen so reichen Zeit – war das Verfahren desselben Fürsten gegen den Dichter Schubart. Dieser gab die „Deutsche Chronik", zuerst in Augsburg, dann in Ulm, heraus. Darin mochte er wohl so manches dem Herzoge Missliebiges, z. B. Andeutungen auf dessen Soldatenhandel und Mätressenwirtschaft, aufgenommen haben, obschon er viel öfter im lobenden, sogar schmeichlerischen Tone von ihm spricht. Genug, der Herzog ließ im J. 1777 Schubart durch einen seiner Beamten hinterlistiger Weise auf sein Gebiet locken, hier sofort festnehmen und, ohne dass dem Gefangenen auch nur ein Wort über den Grund seiner Verhaftung gesagt oder ein Wort der Rechtfertigung verstattet, geschweige denn ein ordentliches Rechtsverfahren gegen ihn eingeleitet worden wäre, auf die Festung Asperg[2] setzen. Dort schmachtete der unglückliche Mann zuerst über ein Jahr lang in einem ungesunden, feuchten und dunklen Turmgewölbe; nach dieser Zeit wurde er zwar in ein besseres Gefängnis gebracht, aber ohne Schreibmaterialien, ohne andere Bücher, als welche der überfromme Kom-

1 in Württemberg
2 Festung in Württemberg, die ab dem 18. Jhd. als Gefängnis diente

mandant Rieger[1] ihn zu geben für gut befand, ohne dass er mit jemanden reden oder korrespondieren durfte, ja sogar ohne Bewegung in freier Luft. Erst im vierten Jahre seiner Gefangenschaft gestattete man ihm, an die Seinigen zu schreiben, aber sowohl diese Briefe, als die an ihn kommenden, gingen durch des Kommandanten Hände, wurden von diesem gelesen. Erst im neunten Jahre durften Frau und Kinder ihn besuchen, und erst im zehnten ward ihm die Freiheit zurückgegeben – ebenso willkürlich und formlos, wie man ihn derselben beraubt hatte.

Quelle: Karl Biedermann: Deutschland im achtzehnten Jahrhundert, Band 1. Leipzig: Weber, 1854.

Friedrich Schiller besuchte Schubart im Jahre 1781. (Zeichnung von B. Wells)

1 Philipp Fr. von Rieger (1722–1782), Kommandant unter Karl Eugen v. Württemberg, bekannt für seine Brutalität bei Soldatenrekrutierung

2 Historischer Hintergrund: Gesellschaftliche Struktur, Leben am Hof und Fürstenwillkür

2.1 Gesellschaftliche und politische Struktur

Material 3: Die Adelsgesellschaft im 18. Jahrhundert

An der Spitze der deutschen Adelsgesellschaft stand der Kaiser, den neben seiner herrschaftlichen Stellung das Vorrecht auszeichnete, Rang- und Standeserhöhungen gewähren zu können. Der Wiener Hof bildete daher das Zentrum der höfischen Kultur in Deutschland. Hier regierte eine strenge Etikette[1], die den Zugang strikt reglementierte und jedem seinen Rang zuwies. Nur der Herrscher selbst durfte sich darüber hinwegsetzen und mit individuellen Gunstbeweisen und Bevorzugungen – an der fürstlichen Tafel, bei der Audienz oder im Theater – das starre Zeremoniell durchbrechen. Der Wiener Hof war eine adlige Lebensform, die sich aus den Bedürfnissen des Kaisers und der von ihm bzw. von seiner Umgebung für notwendig erachteten Repräsentation von Herrschaft bestimmte. Er wirkte vorbildhaft, auch wenn nicht alle anderen Höfe politisch auf ihn ausgerichtet waren. Der Gedanke einer Einheit in der Vielheit prägte auch die höfischen Gesellschaften, die überall der Repräsentation, der Unterhaltung und der Zentrierung dienten und mit ihren Bedürfnissen auf ihre Umgebung ökonomisch und kulturell ausstrahlten.

1 Benimmregeln

Ähnlich dem Wiener Kaiser unterhielt jeder regierende Kurfürst, Fürst oder Graf, jeder Erzbischof oder Bischof einen mehr oder weniger großen Hof. Dies führte zu einer beeindruckenden Residenzendichte in den kleinteiligen Regionen des Reiches, in Franken, Schwaben, Thüringen oder dem Mittelrheingebiet. Hier prägte die höfische Kultur das Land im wahrsten Sinne des Wortes und sorgte für kulturelle, auch für ökonomische oder soziale Errungenschaften in Gebieten, die aus anderer Sicht als tiefste Provinz zu gelten hatten. Für den niederen und, mit Ausnahme der Reichsritter, nicht regierenden Adel hielt sich der repräsentative Aufwand dagegen in überschaubaren Grenzen, denn sein Gutshof war keine Residenz und musste es auch nicht sein.

Der deutsche Hochadel – Fürsten und Grafen – besaß in Europa eine herausgehobene Stellung, weil er nicht nur im Auftrag von „Kaiser und Reich", sondern, so der Anspruch, kraft eigenen Rechts und göttlicher Legitimierung[1] herrschte. Dies machte ihn theoretisch königsgleich und ermöglichte ihm das Konnubium[2] mit führenden Dynastien. Doch solch bedeutende Verbindungen gelangen längst nicht allen Fürsten- oder Grafenhäusern.

Quelle: Georg Schmidt: Wandel durch Vernunft: deutsche Geschichte im 18. Jahrhundert. München: Beck 2009. S. 33.

1 *hier im Sinne von:* aufgrund göttlicher Weisung
2 Ehe, Gemeinschaft

Material 4: Landkarte zu den politischen Verhältnissen

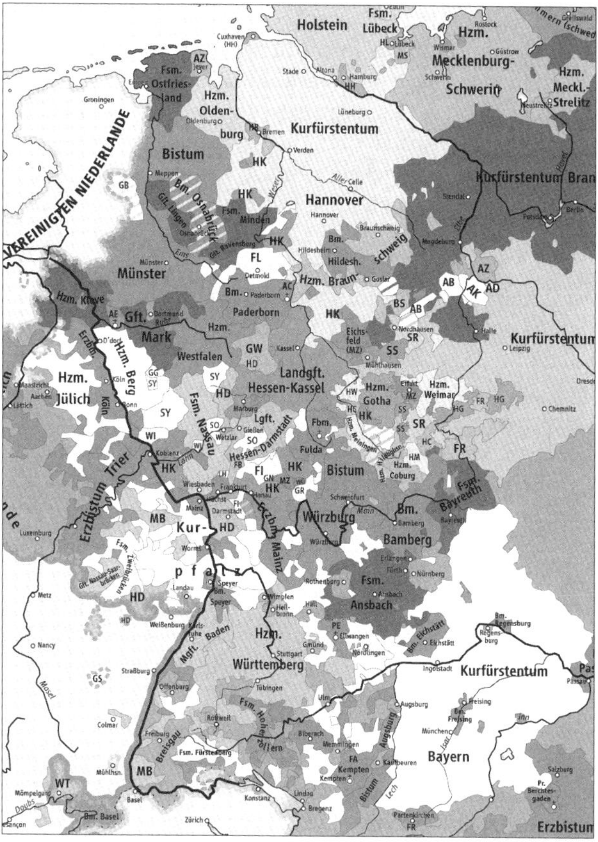

Der Ausschnitt aus dem Gebiet des Heiligen Römischen Reiches Deutscher Nation (1789) zeigt die Zersplitterung des Reiches in zahlreiche kleine und große Herzog- und Fürstentümer.

Material 5: Höfischer und aufgeklärter Absolutismus

Der höfische stützt sich ebenso wie der spätere aufgeklärte Absolutismus auf die Institutionen der Staatsmacht: auf das stehende Heer, die Verwaltungsbürokratie und das Steuersystem zur Dauerfinanzierung der Staatskosten. Im Unterschied zu später sind die Institutionen aber verhältnismäßig unterentwickelt, nämlich sowohl in ihrer Größe überschaubar als auch in ihrer Binnenstruktur ziemlich einfach auf den Hof ausgerichtet. Der Fürst regiert sie in unmittelbar patriarchalischer Herrschaft, die mit wachsender Entfernung vom Hof spürbar abnimmt. [...]

Eine weitere Legitimation liefert der Hof. Er ist nicht nur politische Zentrale, unmittelbarer Machtbereich des Fürsten, Geburtsstätte von Herrschaft überhaupt, sondern er verkörpert auch einen neuen Typ der repräsentativen Gesellschaft. Der Ausbau des Hofs und der höfischen Staatsgesellschaft, der sich u. a. in der regen Bautätigkeit der absolutistischen Fürsten hauptsächlich in der Zeit von 1700 bis 1750 verfolgen lässt, verändert die traditionelle Hierarchie der Ständegesellschaft und vor allem auch den Status der Aristokratie[1] wesentlich. Sie wird mit dem Zweck an den Hof gebunden, sie politisch zu domestizieren[2]. Sie verliert ihre politische Freiheit, gewinnt dafür aber ökonomisch lukrative und politisch einflussreiche Hofämter sowie außerdem eine neue repräsentative Aura. [...]

Die höfische Repräsentation bleibt auch in der Phase des aufgeklärten Absolutismus in eingeschränktem Maß erhalten, sie prägt weiterhin die Erscheinungsform politi-

1 adelige Oberschicht
2 *hier im Sinne von:* bändigen

scher Herrschaft, allerdings nicht mehr unmittelbar diese selbst. Der Staatsapparat versachlicht sich, er sondert die Logik seines Funktionierens auch von der Person des Fürsten langsam ab. Insofern beginnt mit dem aufgeklärten Absolutismus der Niedergang der monarchischen Herrschaft, wenngleich davon zunächst und gerade bei Friedrich II. nur wenig zu bemerken ist. Er und Preußen gelten als Vorbilder für Fürsten und Staat des aufgeklärten Absolutismus, der mit erkennbarer Beschleunigung nach dem Siebenjährigen Krieg (1756–1763) die Staats- und Regierungsidee der größeren und mittleren Territorien auch des katholischen Südens bestimmt. [...]

Ideell begreift sich der Fürst nicht mehr als unkontrollierbarer Herrscher von Gottes Gnaden, sondern als ‚erster Diener' des Staates. Die traditionelle, noch im 17. und 18. Jahrhundert gebräuchliche Metaphorik stellte diesen als organischen Staatskörper dar, dessen Kopf der Fürst von Gottes Gnaden und dessen Glieder die Stände sind. Die neue, im 18. Jahrhundert selbst entwickelte Metaphorik spricht eine andere Sprache; sie redet von der ‚Staatsmaschine'. Politische Herrschaft säkularisiert[1] und mechanisiert sich hier zugleich im Sinne des Rationalismus und überhaupt hat sich das Verhältnis zwischen Aufklärern und absolutistischem Staat wesentlich verschoben – die neue Staatsmaschine ist ohne deren Vernunft nicht mehr entwicklungsfähig.

Quelle: Rolf Grimminger (Hrsg.): Hansers Sozialgeschichte der deutschen Literatur vom 16. Jhd. bis zur Gegenwart. Bd. 3: Deutsche Aufklärung bis zur Französischen Revolution. München: Hanser 1980.

1 verweltlichen (*hier etwa:* die religiöse Grundlage verlieren)

Material 6: Die Entstehung des Bürgertums

Im späten 18. und frühen 19. Jahrhundert bildete sich eine neue Sozialformation heraus, eine aufsteigende schmale Schicht, die sich aus Besitzenden und Gebildeten zusammensetzte und für die das Wort „bürgerlich“ in einer neuen Weise in Gebrauch kam: im Sinne von Besitzbürgertum und Bildungsbürgertum. [...]

Vor allem im Milieu dieses neuen Bürgertums entwickelten sich moderne, durch die Aufklärung geprägte Ideen, Ideen von einer neuen Gesellschaft, Kultur und Politik: das Programm einer „bürgerlichen Gesellschaft“. Es wurde in den bürgerlich geprägten Logen[1] und Lesegesellschaften, den Vereinen und Zeitschriften des 18. und frühen 19. Jahrhunderts diskutiert, bald auch auf öffentlichen Versammlungen und Festen der sich ausbreitenden liberalen Bewegung. Es war ein zukunftsgerichteter Entwurf, zu dem sehr verschiedene Autoren beigetragen hatten – von John Locke und Adam Smith über Montesquieu und die Enzyklopädisten bis zu Immanuel Kant und den liberalen Denkern des 19. Jahrhunderts. Im Zentrum dieses Entwurfs stand das Ziel einer modernen, säkularisierten Gesellschaft freier, mündiger Bürger (citoyens), die ihre Verhältnisse friedlich, vernünftig und selbständig regelten, ohne allzu viel soziale Ungleichheit, ohne obrigkeitsstaatliche Gängelung, individuell und gemeinsam zugleich. Dazu bedurfte es bestimmter Institutionen: des Marktes, einer kritischen Öffentlichkeit, des Rechtsstaates mit Verfassung und Parlament. In dieser gesellschaftlich-politischen Zielsetzung steckte ein neuer Daseinsentwurf,

1 (geheime) exklusive Vereinigungen von Freimaurern

der auf Arbeit, Leistung und Bildung (nicht auf Geburt), auf Vernunft und ihrem öffentlichen Gebrauch (statt auf Tradition), auf individueller Konkurrenz wie auf genossenschaftlicher Gemeinsamkeit fußte und sich kritisch gegen zentrale Elemente des Alten Regimes wandte: gegen Absolutismus, gegen Geburtsprivilegien und gegen ständische Ungleichheit, auch gegen kirchlich-religiöse Orthodoxie. Dieses Programm hatte, wie gesagt, zwar seine Basis im sich neu formierenden Bürgertum (und in angrenzenden Schichten des niederen Adels und des Kleinbürgertums), aber der Tendenz nach war es ein Programm für alle, ein universales Modell, das auf Freiheit, Gleichheit und Teilnahme aller Bürger – im Sinne aller Staatsbürger – hindrängte und zugleich auf die Verallgemeinerung der bürgerlichen Kultur und Lebensweise über das Bürgertum hinaus abzielte. Durch Schulbildung, Literatur, Theater, Erziehung, Disziplin, Umgestaltung des öffentlichen Lebens sollte es alle prägen [...].

Quelle: Jürgen Kocka: Bürger und Bürgerlichkeit im Wandel. In: APuZ 9–10/2008, S. 3–9, hier: S. 4.

Material 7: Die Stellung der Geschlechter

Der Hausvater vertrat die Familie nach außen und band sie über die Zunft- oder die Gemeindeversammlung in das Gemeinwesen ein. Er besaß eine weitreichende Gebotsgewalt über seine Schutzbefohlenen einschließlich eines gewissen Züchtigungsrechts zur Garantie von Hausfrieden und Hausehre. Allerdings forderten viele Dorfrechte, dass der Hausvater Weib, Kinder und Gesinde mit Bescheidenheit regiere. Sie sollten ihm willig gehorchen, denn bloßer Zwang ruiniere jede Hauswirtschaft. Von außen und auf den ersten Blick entsprach das gut eingerichtete Haus dem Patriarchalismus, der die alteuropäische Gesellschaft auf fast allen Ebenen prägte. Die Familie wurde nicht zufällig analog zur Ordnung des monarchisch regierten Staates gedacht und als dessen Keimzelle und Spiegelbild verklärt. [...] Haus- und Landesvater sind parallele Konstruktionen, deren Ausfüllung in beiden Fällen tyrannisch sein konnte. Zunächst schützte davor lediglich die Ableitung der Gewalt von Gott, denn als deren Verwalter mussten Haus- und Landesvater spätestens nach dem Tode Rechenschaft ablegen.

Der Hausvater war auf die Hilfe der Hausmutter angewiesen, um im Nachbarschaftsverband, in der Zunft oder der Gemeinde und gegenüber den herrschaftlichen Vertretern nicht negativ aufzufallen.

Quelle: Georg Schmidt: Wandel durch Vernunft: deutsche Geschichte im 18. Jahrhundert. München: Beck 2009. S. 39.

Daniel Nikolaus Chodowiecki: Cabinet d'un Peintre (1771)

Eine bürgerliche Familie

2.2 Leben und Liebe am Hof

Material 8: Das „fürstliche“ Leben am Hof

Weil sich der absolute Fürst für den natürlichen Besitzer alles Eigentums seines Landes hält, hat er auch nicht nur allein über alle Steuererträgnisse zu verfügen, sondern es ist auch nach absolutistischer Logik nichts mehr als recht und billig, daß er vom Steuerertrage für seine persönlichen Bedürfnisse den größeren Teil in Anspruch nimmt. Er rechnet und erwägt natürlich nicht, ob die verfügbaren Summen mit seinen Launen in Einklang zu bringen sind. Reichten sie nicht, so mußten höhere Abgaben vom Volke bezahlt werden. So ist die maßloseste Verschwendung die oberste Selbstverständlichkeit an fast allen absolutistischen Höfen. [...]

Das Vorbild, das speziell der französische Sonnenkönig Europa an Prunk, Prachtbauten und Verschwendung gab, möglichst zu erreichen, hielt jeder absolute Fürst Europas für seine selbstverständliche Pflicht. Friedrich II. Bauwut verbrauchte in kürzester Zeit mehr als ein Dutzend wohlgezählte Millionen [...]. Relativ und positiv noch höher waren die Ausgaben für Prunkbauten an den Höfen von Württemberg, Baden und Hessen. Am kleinsten Duodezhofe[1] gab es Oberhofmeister, Oberhofmeisterinnen, Hofkavaliere, Hofdamen, adlige Hofpagen, die in prunkender Livree bei der Tafel hinter den Stühlen der Hoheiten standen und Serenissimi die Teller wechselten. [...]

Die Feste des württembergischen Tyrannen in Duodez, dessen Verschwendungswahnsinn im umgekehrten Ver-

1 Kleine Höfe mit sehr beschränktem Machtbereich

hältnis zur Größe seines Landes stand, – ganz Württemberg zählte damals knapp 600 000 Einwohner, – wurden jedes Jahr durch den Pariser Tanzgott Vestris verschönt, der dafür ein Honorar von 12 000 Gulden bekam. Noch kostspieliger kamen die verschwenderischen Feuerwerke, mit denen jedes Fest am Herzoghofe abschloß und zu deren Arrangement der Herzog den Italiener Veronese in seinen Diensten hatte, den berühmtesten Feuerwerker jener Zeit. [...]

Eine gute zusammenfassende Schilderung von dem ständig in Festen sich abspielenden Leben am württembergischen Hofe haben wir in den Memoiren des Barons von Wimpfen, eines langjährigen Teilnehmers an diesem Lustleben. Er schreibt:

> *[...] Der Herzog hielt 15 000 Mann der besten, schönsten und diszipliniertesten Truppen, die es je gab. Gegen 200 Edelleute und unter diesen gegen 20 Prinzen und Reichsgrafen waren in seinen Diensten. Er hielt für seine Person gegen 800 Pferde. Ludwigsburg, seine gewöhnliche Sommerresidenz, wurde von ihm immer mehr vergrößert und verschönert. Man fand am württembergischen Hofe die erste Oper von ganz Europa, das erste Orchester, die schönsten Ballette, die beste französische Komödie nach der zu Paris. Und bei so vielen fast täglichen Spektakeln, die man ohne jegliche Bezahlung mitgenießen konnte, gab es noch viele außerordentliche Feten, deren volle Pracht ich erst alsdann recht schätzen lernte, als ich später sah, was an anderen Höfen oft allgemeine Bewunderung erhielt. Nichts war aber doch angenehmer, als die Sommerreisen des Herzogs auf seine*

Lustschlösser, besonders nach Grafeneck, einem Schloß in einer der rauhsten Gegenden des Schwarzwaldes, wo der Herzog einen Teil der heißesten Jahreszeit zubrachte. Gewöhnlich begleiteten den Herzog nur 10–12 Kavaliere, unter denen mich zu befinden, ich fast immer das Glück hatte. Das ganze übrige Gefolge bestand aus 6–700 Personen, alle nur zu seinem Vergnügen bestimmt.

Quelle: Eduard Fuchs: Illustrierte Sittengeschichte vom Mittelalter bis zur Gegenwart in 3 Bänden. Bd. 2: Die galante Zeit. München: Langen 1910.

Große Bauten, große Gärten – das Schloss Ludwigsburg und der Nordgarten um 1810 (Gemälde von Friedrich Weber)

Material 9: Das Mätressenwesen

Nicht nur in Frankreich war es schon seit Längerem üblich, dass Monarchen neben ihrer Ehefrau auch Geliebte hatten. Im 16. Jahrhundert hatte sich der Status dieser Frauen, die sich zumeist aus den Reihen der adligen Hofdamen und Ehrenjungfern rekrutierten, dann mehr und mehr zu einer halb offiziellen Institution entwickelt. In einer Zeit, in der die Kirche Ehebruch an sich unter schwere Strafe stellte, fand sie sich nolens volens[1] bereit, derartige Zustände zu akzeptieren – nicht nur weil der hohe katholische Klerus bald selbst davon profitierte. Im Geflecht der gegenseitigen Abhängigkeiten gestand die Kirche dem Hochadel Ausnahmetatbestände zu – hatten diese Fürsten doch ihre Ehefrauen meist nicht frei wählen können, sondern waren ohne Rücksicht auf persönliche Neigung nach dynastischen Gesichtspunkten verheiratet worden. Vorbild wurde einmal mehr der viel bewunderte Ludwig XIV., der sich mit Mätressen in Gestalt der schönsten und geistreichsten Frauen schmückte.

Herzog Karl Eugen mit seiner Mätresse und späteren Ehefrau Franziska von Hohenheim

Quelle: Guido Knopp, Stefan Brauburger, Peter Arens: Die Deutschen von Karl dem Großen bis Rosa Luxemburg. Bertelsmann 2010.

1 wohl oder übel

Material 10: Liebe und Ehe im Adel

Zum einen hat, wie Niklas Luhmann[1] gezeigt hat, das französische 17. Jahrhundert einen anderen Begriff von Liebe als das 19. Jahrhundert und die Folgezeit: während die romantische Konzeption von Liebe die Heirat als Ziel setzt und dauerhaftes Glück verspricht, versteht das 17. Jahrhundert die Liebe als eine Leidenschaft, die aufgrund ihrer Eigengesetzlichkeit nicht von Dauer sein kann: wenn die Sehnsucht erfüllt wird, wenn man also von dem begehrten Menschen erhört wird, ist damit das Erlöschen der Liebe bereits eingeleitet. Die einzig dauerhafte Liebe kann in dieser Konzeption die unerfüllte Liebe sein. Eine Ehe auf die Liebe zu gründen ist für die Adligen des 17. Jahrhunderts daher absurd, da somit eine dauerhafte Institution auf ein notwendig vergängliches Gefühl gegründet würde. Die Liebe wird folgerichtig im höfischen Milieu als das Charakteristikum außerehelicher Affären verstanden, während die Ehe eine Zweckbindung ist. Zum anderen haben Heiraten im Adel, zumal im Hochadel, einen politischen Aspekt: mit wem die Tochter des Herzogs von Orléans eine Ehe eingeht, ist zuallererst nicht eine Frage ihrer persönlichen Präferenz, sondern eine politische Aussage. An Liebesheirat auch nur zu denken ist für eine Prinzessin, in modernen Termini gesprochen, höchst unprofessionell, es ist unvereinbar mit der Rolle, die sie als Angehörige des Herrscherhauses zu spielen hat. Die Ehe ist eine Allianz[2] nicht nur zwischen Individuen, sondern mindestens ebenso sehr zwischen adligen Familienverbänden, im Falle ei-

1 Niklas Luhmann (1927–1998): bekannter deutscher Soziologe
2 Bündnis, Verbindung

ner herrschenden Dynastie[1] also zwischen Herrscherhäusern samt ihren jeweiligen Reichen. Als Mitglied der Königsfamilie soll eine Prinzessin ihren Ehemann bevorzugt im Ausland suchen; dort kann sie nicht nur einen Mann finden, der ihr ebenbürtig ist, sondern aus Sicht der Dynastie kann damit auch eine außenpolitische Allianz geschmiedet werden – eine Prinzessin an einen eigenen Untertanen zu verheiraten erschiene aus der Sicht eines dynastischen Politikers als unnötiger Verzicht auf die Möglichkeit, eine Bindung an ein ausländisches Herrscherhaus einzugehen.

Liebe und Ehe sind also im Adel des grand siècle[2] nicht rein zufällig getrennt, sondern als Konzeptionen unvereinbar.

Quelle: Christian Kühner: Politische Freundschaft bei Hofe: Repräsentation und Praxis einer sozialen Beziehung im französischen Adel des 17. Jahrhunderts. Vandenhoeck & Ruprecht 2013, S. 108 f.

2.3 Der Soldatenhandel

Material 11: Der Soldatenhandel im Absolutismus

Zu den Besonderheiten des Militärwesens im Zeitalter des Absolutismus zählt der „Soldatenhandel“. […] Wer Geld hatte und schnell Truppen benötigte, der konnte überall in Europa Partner dafür finden. Umgekehrt ließen sich politische Forderungen durch die Bereitstellung von Truppen durchsetzen. Für die Rangerhöhung zum König in Preußen 1701 lieh zum Beispiel der frisch gekürte Friedrich I. dem

1 Herrschergeschlecht
2 Bezeichnung für das 17. Jahrhundert in Frankreich

Habsburger Kaiser Leopold I. ein Kontingent von 8 000 Soldaten – Truppen, die jener dringend im Spanischen Erbfolgekrieg benötigte. 1717 tauschte August der Starke mit Friedrich Wilhelm I. ein ganzes Dragonerregiment gegen eine Sammlung kostbarer chinesischer Vasen. Die Herrscher demonstrierten damit nicht nur private Vorlieben, sondern dokumentierten auch, dass sie in ihren Soldaten eher „Humankapital" als Landeskinder sahen. Im Amerikanischen Unabhängigkeitskrieg (1776–1783) fochten auf beiden Seiten Leihregimenter: für Frankreich, das die amerikanischen Truppen unterstützte, zum Beispiel das Zweibrücker Regiment „Royal-Deux-Ponts" und für England unter anderem Kontingente aus Hessen-Kassel und Braunschweig. Es ist bemerkenswert, dass man seinerzeit gerade diesen „Soldatenhandel" erstmals öffentlich kritisierte.

Hessische Truppen in britischem Sold im US-Unabhängigkeitskrieg

Der erwachende Geist des aufgeklärten Bürgertums und die offene Sympathie für die Freiheitsbewegung in der neuen Welt können bereits als Wetterleuchten am vorrevolutionären Himmel gedeutet werden.

Quelle: Rogg, Matthias: Militärgeschichte bis zur Französischen Revolution 1789. In: Neugebauer, Karl-Volker (Hrsg.): Grundkurs deutsche Militärgeschichte. Bd. 1. Die Zeit bis 1914. 2. überarb. Aufl. Im Auftr. des Miltärgeschichtlichen Forschungsamtes. München: Oldenbourg 2009, S. 84.

Material 12: Der Soldatenhandel unter Herzog Karl Eugen

Der folgende Auszug aus einer biografischen Darstellung des Generals Philipp Friedrich von Rieger zeugt von dem rücksichtslosen Vorgehen des Herzogs Karl Eugen gegen seine Untertanen im Kontext des Soldatenhandels.

Als 1756 Herzog Ludwig Eugen, ein Bruder des regierenden Herzogs, in französischen Diensten den Zug gegen Minorka mitmachte, begleitet ihn Rieger[1] als Adjutant und erwarb sich den Ruf eines trefflichen Soldaten. Kaum zurückgekehrt, fand er den Herzog Karl Eugen von Württemberg in einer sehr misslichen Lage: ein mit Frankreich abgeschlossener Subsidienvertrag[2] legte diesem die Verpflichtung auf, 6 000 Mann in das Feld zu stellen, während kaum 2 000 vorhanden waren. Rieger, der sich durch seine Gewandtheit und Unterhaltungsgabe, wie sein stattliches Äußere dem Herzog schon empfohlen hatte, verpflichtete sich, die fehlenden Truppen zu ergänzen und erhielt dazu unbeschränkte Vollmacht. Jetzt ging im ganzen Lande eine Jagd los auf alles, was über 18 Jahre alt war; aus den Betten

1 im Original hier und im Folgenden mit „R." abgekürzt
2 Vertrag zur finanziellen oder materiellen Unterstützung

und von den Kirchtüren weg schleppte man die Leute zusammen. Kein Wunder, dass vor dem Ausmarsch die Hälfte davonlief und dass, nachdem wieder fast alles gesammelt und nach Böhmen und Schlesien geführt war, das Heer namentlich durch Ausreißerei bis zum dritten Teil vermindert wurde. 1758 galt es, aufs neue die verabredete Anzahl Soldaten zu liefern, diesmal befahl Rieger die „Aushauser“[1] einzuziehen [...]; natürlich lief bei dieser Maßregel landesväterlicher Milde, wie sie Rieger nannte, viel Ungerechtigkeit mit unter. Noch in demselben Jahr wurde gar ein Subsidienvertrag auf 12 000 Mann abgeschlossen, ein Beweis, wie weit der Kreis der „Aushauser“ gezogen wurde. Es ist fast unglaublich, was Rieger in kurzer Zeit zu Stande brachte: gegen 20 neue Truppenteile wurden teils aufgestellt, teils wenigstens verstärkt, das Verpflegungswesen wurde neu geordnet. Und das alles, während nie Geld in der Kriegskasse war und mit den gewaltsamsten Mitteln erst beschafft werden musste.

Quelle: Allgemeine deutsche Biographie, Bd.: 28. Leipzig: Reinbeck – Rodbertus 1889, S. 546 f.

1 Vagabund, Obdachlose oder auch Wanderarbeiter

2.4 Gedichte zum Thema Fürstenwillkür

Material 13: Chr. Fr. D. Schubart: Der gnädige Löwe (1775)

Der Tiere schrecklichstem Despoten
Kam unter Knochenhügeln hingewürgter Toten
Ein Trieb zur Großmut plötzlich an.
Komm, sprach der gnädige Tyrann
Zu allen Tieren, die in Scharen
Vor seiner Majestät voll Angst versammelt waren,
Komm her, beglückter Untertan,
Nimm dieses Beispiel hier von meiner Gnade an!
Seht, diese Knochen schenk ich euch! –
Dir, rief der Tiere sklavisch Reich,
Ist kein Monarch an Gnade gleich! –
Und nur ein Fuchs, der nie den Ränken
Der Schüler Machiavells geglaubt,
Brummt in den Bart: Hm, was man uns geraubt
Und bis aufs Bein verzehrt, ist leichtlich zu verschenken!

Material 14: Gottfried August Bürger: Der Bauer (1773)

An seinen Durchlauchtigen Tyrannen

Wer bist du, Fürst, daß ohne Scheu
Zerrollen mich dein Wagenrad,
Zerschlagen darf dein Roß?

Wer bist du, Fürst, daß in mein Fleisch
Dein Freund, dein Jagdhund, ungebläut
Darf Klau' und Rachen hau'n?

Wer bist du, daß, durch Saat und Forst,
Das Hurra deiner Jagd mich treibt,
Entatmet, wie das Wild? –

Die Saat, so deine Jagd zertritt,
Was Roß, und Hund, und Du verschlingst,
Das Brot, du Fürst, ist mein.

Du Fürst hast nicht, bei Egg' und Pflug,
Hast nicht den Erntetag durchschwitzt.
Mein, mein ist Fleiß und Brot! –

Ha! du wärst Obrigkeit von Gott?
Gott spendet Segen aus; du raubst!
Du nicht von Gott, Tyrann!

3 Gattungsgeschichte

Material 15:
Heroische Tragödie und Bürgerliches Trauerspiel

Das Bürgerliche Trauerspiel, das im England und Deutschland der zweiten Hälfte des 18. Jahrhunderts entwickelt worden ist, beerbt die bis dato die Tragödie dominierende, auf ein adliges Personal und entsprechende öffentlich-politische Handlungen festgelegte heroische Tragödie, indem es erstmals auch (aber nicht nur) bürgerliche Personen zuläßt, vor allem aber, indem es private, von bürgerlicher Moral und individuellen Anschauungen, Vorlieben, Zielen usw. geprägte Charaktere, Konflikte und Handlungen tragikfähig macht. Dies entspricht der Emanzipation des Bürgertums im 18. Jahrhundert.

Diese schließt jedoch, gerade in Deutschland, politische Verantwortung und Macht aus, so daß der Standeskonflikt zwischen Adel und Bürgertum zum zentralen Thema des Bürgerlichen Trauerspiels wird, so daß die Macht des

Adels der privaten Moralität des Bürgertums gegenübersteht. Das Bürgerliche Trauerspiel thematisiert also – anders als die vorausgegangenen Tragödien der Neuzeit – auch gesellschaftliche Problemkonstellationen und Lebensbedingungen.

Quelle: Uwe Spörl auf http://www.fernuni-hagen.de/EUROL/termini/welcome.html. FernUni Hagen.

4 Rezeption des Dramas „Kabale und Liebe"

Material 16: Rezension von Karl Ph. Moritz vom 21. 7. 1784

Kabale und Liebe … in Wahrheit wieder einmal ein Produkt, was unsern Zeiten Schande macht! Mit welcher Stirn kann ein Mensch doch solchen Unsinn schreiben und drucken lassen, und wie muss es in dessen Kopf und Herz aussehen, der solche Geburten seines Geistes mit Wohlgefallen betrachten kann!

… 167 Seiten voll ekelhafter Wiederholungen und gotteslästerlicher Ausdrücke …

So schreiben heißt Geschmack und gar gesunde Kritik mit Füßen treten; und darin hat der Verfasser diesmal sich selbst übertroffen.

Aus einigen Szenen hätte was werden können, aber alles was dieser Verfasser angreift, wird unter seinen Händen zu Schaum und Blase.

Aber was sollen dergleichen Ungeheuer, wie z. B. der abscheuliche Franz Moor in den Räubern, und dieser Präsident auf dem Schauplatz? Da man überhaupt gar nicht erfährt, wie diese Menschen so geworden sind. Wozu nützt es denn die Einbildungskraft mit solchen Bildern auszufüllen, wodurch wahrlich weder der Verstand noch das Herz gebessert wird?

Es ist ekelhaft, in solchem Schillerschen Wust zu wühlen …

Wenn nun Herr Schiller glaubt, dass dies starke Sprache sei, und Mark und Bein erschüttere, so irrt er sich gar gewaltig, es ist fader Unsinn, der ein mitleidiges Achselzucken über dergleichen Ausdrücke verursacht, die bei dem Verfasser einen Bruch von Vernunft befürchten lassen.

Doch, ich hätte viel zu tun, wenn ich alle die Widersprüche und den Unsinn in den Schillerschen Charakteren herausheben wollte, er schwimmt schon auf der Oberfläche, ich darf ja nur abschöpfen.

Ist das Sprache des Herzens und der Natur? – Die lerne Herr Schiller erst von elenden zusammengestoppelten Phrasen und auswendig gelernter Büchersprache unterscheiden, und dann schreibe er Trauerspiele!

Schiller … der wenigstens durch das Grässliche unser Gefühl betäuben will, da es ihm an der Kunst, das Herz zu rühren, gänzlich fehlt …

Bloß der Unwille darüber, dass ein Mensch das Publikum durch falschen Schimmer blendet, ihm Staub in die Augen streuet, und auf solche Weise den Beifall zu erschleichen sucht, den sich ein Lessing und andre mit allen ihren Talenten, und dem eifrigsten Kunstfleiß kaum zu erwerben vermochte, konnte zu dieser ekelhaften Beschäftigung anspornen.

… ich wasche meine Hände von diesem Schillerschen Schmutze, und werde mich wohl hüten, mich je wieder damit zu befassen.

Quelle: Königlich privileg. Berlinische Staats- und Gelehrtenzeitung

Material 17: Rezension vom 9. Mai 1784 (anonym)

Dieses ist das dritte Trauerspiel, womit Hr. Schiller, der sich jetzt als Theaterdichter bei der Mannheimer Schauspielergesellschaft aufhält, die deutsche Bühne bereichert. Aus seinen zwei ersten Stücken, die *Räuber* und die *Verschwörung des Fiesko zu Genua*, kennt man bereits seine Manier, kennt ihn als Maler schrecklicher Szenen, und Schöpfer Sheakespearscher Gedanken, und so findet man ihn auch hier. Zwar möchte vielleicht die Prädilektion[1] einiger Leser für seine vorigen Stücke (es geht mit den Schriften öfters, wie mit der Liebe gegen Freunde und Mädchen, wo die erste ebenfalls die stärkste zu sein pflegt,) dieses jenen etwas nachsetzen. Aber es hat wirklich herrliche Szenen, und die Charaktere sind vortrefflich durchgeführt. Sollte der Präsident und der Hofmarschall, jener zu abscheulich, und letzterer für ein Trauerspiel zu komisch scheinen, so erwäge man, dass die Charaktere auf der Schaubühne etwas übertrieben sein müssen, und dass man, wie Lessing einmal sagte, auch im Trauerspiel lachen dürfe. Glücklicher Weise werden durch unsre neuen Original-Trauerspiele die sogenannten hohen Tragödien, worin die Helden auf Stelzen gehen, und in Sentenzen sprechen, bald ganz von unsern Bühnen verdrängt werden. Von einem der berühmtesten davon (Voltärs Mahomed) sagte Lessing, es gleiche einer umgekehrten Tapete.

Quelle: Gothaische gelehrte Zeitungen. 9. Mai 1784.

1 Vorliebe